거짓말의 역사

Cet ouvrage a bénéficié du soutien des Programmes d'aide à la publication de l'Institut français.
이 책은 프랑스문화진흥국의 출판 번역 지원 프로그램의 도움으로 출간되었습니다.

Histoire du mensonge

거짓말의 역사

자크 데리다 지음
배지선 옮김

이숲

일러두기

* 각주에 인용된 문헌은 원본의 서지를 옮겨 적고, 처음 나올 때만 괄호에 제목 등을 우리말로 삽입했다. 본문에 포함된 서지는 우리말 표기법을 따랐다.
* 이 책에는 표식 없는 데리다의 각주, 참고문헌을 보완하거나 본문에 해석 없이 사용된 외국어를 번역한 원본 편집자주(N.d.É), '옮긴이'로 표시한 역주가 있다.

원본의 일러두기

이 글은 1997년 4월 파리 국제철학학교 강연을 토대로 한다. 이 강연은 1994~95년 사회과학 고등연구원에서 열린 데리다의 세미나 "책임의 문제 IV 증언"의 축약본이라 할 수 있다. 페기 캄푸는 데리다의 글 여러 편을 번역, 편집하고 서론을 덧붙여 『알리바이 없이(*Without Alibi*)』(Stanford University Press, 2002)로 묶어 내는데, 이 책에 이 글이 먼저 실렸다. 이 글의 불어 본은 마리 루이즈 말레와 지네트 미쇼가 책임 기획한 『카이에 드 에른. 자크 데리다(*Le Cahier de L'Herne, Jacques Derrida*)』(Paris, L'herne, 2004)에 출간되었다. 이 책의 기획에서 데리다는 그동안 불어로 출판되지 않은 자신의 글을 '다르게 생각하다—불가능의 가능성(Penser autrement-La possibilité de l'impossible)'이라는 제목으로 묶어 내는데 『거짓말의 역사』는 그중 하나였다.[1]

갈릴레 출판사는 이 글이 새롭게 출간되는 데 도움을 준 마르그리트 데리다,[2] 마리 루이즈 말레, 지네트 미쇼와 장 뤽 낭시에게 감사한다.

---

1) 「언어의 시선(Les yeux de la langue)」, 「거짓말의 역사. 머리말(Histoire du mensonge. Prolégomènes)」, 「증언의 시학과 정치학(Poétique et politique du témoignage)」, 「용서하다: 용서할 수 없음과 시효 없음(Pardonner: l'impardonnable et l'imprescriptible)」, 「'타당한' 번역이란 무엇인가?(Qu'est-ce qu'une traduction 'relevante'?)」, 「아마도, 위증 (Le parjure, peut-être)」 등 6편이 이에 속한다. 옮긴이.

2) Marguerite Derrida: 자크 데리다와 결혼하기 전 이름은 마르그리트 오쿠투리에 (Marguerite Aucouturier)로 번역가이자 정신분석가이다. 옮긴이.

　강연의 서두를 꺼내기 전에, 먼저 두 가지 고백할 시간을 허락해주시기 바랍니다. 더불어 제 고백을 믿어주시기 부탁드립니다.

　두 가지 고백, 여러분께 드리는 두 가지는, 솔직해지자면 어떤 공상적인 것, 환상적인 것과도 관련 있습니다. 조금 더 정확하게 말하면 우리가 상상의 이야기[1]와 환상을 통해 이해하는 것의 어떤 징후, 즉 어떤 환영의 귀환에 관한 것입니다. 그리스

---

1) '상상을 바탕으로 한 이야기'를 뜻하는 파블(fable)은 허구의 이야기, 상상의 이야기, 동물에 빗댄 짧은 이야기 등을 뜻하며, 라틴어 '파블라(fabula, fari 말하다)'에서 왔다. '말하다'라는 행위는 '이야기하다'와 밀접한 관련이 있다. 경험, 생각, 느낌을 전달하고 진술하는 일은 물론 상상으로 지어낸 말─이야기─을 자신이나 타인에게 하는 일, 타인에게 들은 말을 또 다른 타인에게 전달하는 모든 행위를 일컫는다. 이 행위는 상상이나 해석에 따른 수정이나 변화를 내포한다. 이 글에는 '이야기'하다(혹은 말하다)에 뿌리를 둔 많은 유사어가 사용된다. 이들은 비슷한 말이지만 동일한 말은 아니다. 문맥에 따라 각 단어는 이런 넓은 의미 중 특정한 의미가 강조되어 사용된다. 옮긴이.

인들에게 판타즈마[2]는 또한 환영의 출몰, 유령의 환시, 망령의 현상現象을 가리킵니다. 그런데 공상적인 것과 환상적인 것에는 한가지 공통점이 있는데, 엄밀히 말해 이 용어들은 고전적인 의미에서 맞음-틀림, 참됨-거짓됨에 속하지 않습니다. 그보다 이런 용어들은 어떤 잠재성의 불확실성이나 일종의 환원 불가능한 '가상', 나아가 환원 불가능한 '가상화'[3]에 속합니다. 어떤 존재론이나 모방론[4]으로 설명하거나 파악할 수 있는 존

2) Phantasma: 데리다가 설명하듯이 '판타즈마(φάντασμα)'는 고대 그리스어로 환상(幻像)적인 것들, 영혼이나 정신에 관련된 이미지, 비전, 환각, 환시의 범주에 속하는 것, 환영, 유령, 망령, 지상이 아닌 곳의 환시적 현상 등을 가리킨다. 이런 오래된 표현의 의미를 축소하지 않고, 현대어나 다른 언어로 정확히 번역하기는 어렵다. 데리다는 원어를 사용하면서 어원을 환기하고 맥락에 따라 다의성을 부각하거나 어떤 뜻을 강조한다. 옮긴이.

3) 가상은 시뮬라크르(simulacre, 라틴어 similacrum), 가상화는 시뮬라시옹(simulation)을 옮긴 말이다. 두 단어는 라틴어 'simulare(시뮬라레)'에서 온 'simuler(시뮬레)'라는 동사와 관련되는데, 이 동사는 속임수 관련 여부로 의미를 나눌 수 있다. 속임수와 관련해서 '모방하다, ~인 체하다, 가장하다, 모방해서 타자를 속이려 하다'의 의미가 있다. 속임수와 무관하게는 '인공적으로 실제 상황 등을 재생산하다 혹은 어떤 모습을 하다'라는 의미로 '모방하다, 복제하다, 재현하다'가 있다. 시뮬라크르와 시뮬라시옹은 이 동사의 명사형인데 전자가 모습·외관·이미지 등에 방점이 있다면, 후자는 사실이나 행위에 방점이 있다. 시뮬라크르는 모방, 음영, 이미지와 비슷한 말인 동시에 다른 어떤 말과도 같지 않다. 한국어에서도 모방, 모의, 위장, 가장, 타인의 말이나 행동을 그대로 옮기는 흉내, 흉내 내서 꾸미는 시늉 등을 의미하지만 이런 유사어 중 하나로 환원되지 않는다. 옮긴이.

4) mimétologie: 데리다는 멈출 수 없이 흩뿌려지는 분산(혹은 산종 dissémination) 운동 논리에 따른 '미메시스(mimesis)'와 거울이나 반사 혹은 음영, 판타즘의 논리에 따라서 닮은 꼴, 유사성이 서로 연결되어 있는 '미메톨로지(mimétologie 모방론)'를 구분한다. 미메톨로지에 따르면 미메시스의 목적은 믿을 만한 것이 되기 위한 모방 대상의

재나 무無, 심지어 가능성에도 속하지 않습니다. 신화, 상상의 이야기 혹은 환상이 그대로 진실이나 참말이 아닌 것처럼 말입니다. 그렇다고 해서 이것들이 실수, 속임수, 잘못된(혹은 잘못한) 증언이나 위증도 아닙니다.

자, 제가 여러분께 할 첫 번째 고백은 '거짓말의 역사'라는 이 글의 제목과 관련됩니다. 이 글의 제목인 '거짓말의 역사'는 제가 최근에 매우 큰 관심을 뒀던 어떤 유명한 텍스트의 제목을 모방하는 것 같습니다. 니체는 『우상의 황혼*Götzen-Dämmerung*』에서 더도 덜도 아니라 바로 '참세상die wahre Welt'의 역사를 이야기하는 여섯 가지 에피소드를 한 쪽 분량에 묶으면서 '실수의 역사Geschichte eines Irrtums'라는 제목을 붙였습니다. 이 허구 이야기의 제목은 이야기 꾸미기의 서사, "어떻게 '참세상'은 결국 상상의 이야기가 되는지Wie die "wahre Welt" endlich zur Fabel wurde"를 예고합니다. 따라서 상상의 이야기가 우리에게 제시되지는 않을 겁니다. 그보다는 어떻게 상상의 이야기가 꾸며졌는가를 이야기할 겁니다. '마치'

단순 모방 혹은 재생산일 뿐이다. 따라서 아무리 완벽해도 모방은 모방의 대상과 완전히 동일할 수 없으므로 기만적이다. 이런 해석은 진리에 준거하고 있다. 그러나 '미메시스'는 이런 불완전함, 모방 대상과 모방 사이의 거리를 비판하지 않으며 오히려 어떤 즐거움, 새로움으로 받아들인다. 이런 불완전한 복제는 산종된다. 옮긴이.

이 이야기 꾸미기의 역사와 다른 무엇이 아니라 정확하게 참세상이라는 관념—이것은 소위 이야기의 진실까지도 내포할 수 있습니다—만을 생산하는 이야기 꾸미기를 주제로 참 이야기가 가능했던 것처럼 말할 겁니다. "어떻게 '참세상'은 결국 상상의 이야기가 되는가?" '거짓말의 역사'는 부제일 뿐입니다.

이야기 만들기, 이야기 꾸미기로서의 진실에 관한 상상의 서사, 이 예상 밖의 일은 마치 무대 뒤 환영처럼 우리 곁에 어느 정도 머물러 있을 인물들을 등장시킵니다. 니체에 따르면 그들은 "나, 플라톤, 내가 진리다."와 여성적인 모습으로 나타난 기독교의 약속, 칸트의 정언 명령, "창백한 쾨니히스베르크적 관념", 실증주의 수탉[5]의 노래, 그리고 자라투스트라의 정오입니다. 앞으로 이 환영들을 모두 다시 다루겠지만 니체가 언급하지 않은 한 사람, 즉 성 아우구스티누스 또한 그 환영 중 하나로 우리 곁에 둘 겁니다. 그의 주요 작품 『거짓과 거짓말에 대해*De mendacio et Contra mendacium*』에서 성 아우구스티누스는 집요했던 니체의 가장 내밀한 맞수였던 성 바오로와 대화합니다.

그러나 상상의 이야기처럼 놀라운 니체의 텍스트를 염두

---

5) 상징적으로 프랑스를 가리킨다. 옮긴이.

에 둬야 한다면, 거짓말의 역사는 실수의 역사, 설령 참의 구성
에서, 진실 그대로써 진실의 역사 자체에서 실수이더라도 실
수의 역사일 수 없을 겁니다. 논쟁적이고 아이러니한 니체의
이 글에서, 이야기 만들기에 관한 상상의 이야기 맥락에서 진
리, '참 세상'이라는 관념은 '실수'일 듯합니다. 『도덕 범주 밖
의 의미에서 진리와 거짓에 관한 이론적 서론』(1873)[6]에서도
니체는 계속해서 실수와 거짓말, 또한 참과 참됨의 어떤 연속
성을 제시하거나 전제하는데, 이렇게 해서 니체는 거짓말을
도덕 범주 밖이라는 양식의 중립성에서 이론적이고 인식론적
인 문제로 다룰 수 있습니다. 이런 태도는 근거가 없거나 이점
이 없지 않습니다. 그러나 우리는 거짓말의 고유한 윤리성 영
역을 파악한 뒤에야 이 문제를 다룰 수 있을 겁니다. 이 윤리성
영역에서 거짓말 '현상'은 인식 문제, 진리 문제, 참과 거짓 문
제와 본질적으로 다릅니다. 저는 위험을 무릅쓰고 이 같은 윤

6) 프리드리히 니체(Friedrich W. Nietzsche), 「도덕 범주 밖의 의미에서 진리와 거
짓에 관한 이론적 서론(Introduction théorétique sur la vérité et le mensonge au sens
extramoral, Über Wahrheit und Lüge im außermoralischen Sinn)」, 『사변적 연구
(Études théroétiques)』(tr.fr. A Kremer-Marietti, Paris, Flammarion, 1991, p.115-
133). 이 책은 『도덕범주 밖의 의미에서의 진리와 거짓(Vérité et mensoge au sens
extramoral)』이라는 제목으로도 출간됐다(Giorgio Colli, Mazzino Montinari(dir),
Écrits posthumes, 1870-1873, Œuvre philosophiques complètes, I, 2, tr.ft M Haar et
M. de Launay, Paris, Gallimard, 1975, p. 275-290). (N.d.É.)

리 영역과 거짓말의 정치적 역사, 그 균열이 시작되는 곳에 접근해보려 합니다.

원칙적이고 고전적인 정의에서 거짓말은 실수가 아니기 때문입니다. 우리는 실수할 수도 있고, 틀릴 수도 있고, 굳이 속이려고 하지 않고도, 즉 거짓말하지 않고도 거짓을 말할 수 있습니다. 거짓말 경험, 속임수 경험, 그리고 '(자신이) 틀린' 경험은 모두 거짓 논리pseudologique의 범주에 속합니다. 그리스어 'Pseudo'는 거짓말을 의미할 뿐 아니라 거짓, 술수 혹은 실수, 속임수, 사기를 의미할 수 있고, 그와 마찬가지로 시적인 창작, 오해가 의미할 수 있는 것을 다양화하는 여러 가지 오해를 의미하기도 합니다. 이는 매우 조밀하고 날카로운 플라톤의 '논박論駁적' 대화 『소 히피아스』[7]의 해석을 어렵게 합니다. 이 책의 부제è peri tou pseudous, anatrepkos를 흔히 '거짓말에 관하여'로 번역하는데, 물론 이런 번역은 왜곡도 실수도 아니지만, 의미가 축약됐고 따라서 변질됐습니다. Pseudo는 단순히 '거짓말'을 가리키지 않습니다. 이에 더해서 플라톤의 이

---

7) 『소 히피아스(*Hippias mineur* Ἱππίας ἐλάττων)』 혹은 『거짓말에 대하여(*Sur le Mensonge*)』는 플라톤의 초기 대화편에 속한다. 플라톤은 소크라테스, 히피아스, 에우디코스의 거짓말을 둘러싼 논쟁을 통해 정의와 덕에 대한 자기 관점을 피력한다. 옮긴이.

경이로운 대화는 거짓말과 거짓말이 켜켜이 숨겨뒀을 거짓말의 사본들, 유사어, 거짓 동류와의 관계 문제를 상당히 복잡하게 하고 가장 현대적인 정치 역사 관련 문제를 포함해서 제가 여기서 말하려는 모든 것을 적어도 잠재적으로 매우 복잡하게 만들어놓습니다. 『형이상학*Métaphysique*, D, 29, 1024 b- 1025a』에서 Pseudos의 여러 의미를 최소한 셋으로(즉 사물 ôs pragma pseudos에서, 그것이 아닌 것을 말하는 발화logos에서, 그리고 이런 언어를 즐기고 선택하는 인간anthopos에게서 이것은 거짓을 말하는 자이며, 거짓말입니다) 구분하면서 아리스토텔레스는 거짓을 말하는 자pseudès는 거짓말하는 역량을 갖춘 사람이라는 『소 히피아스』의 여러 명제에 대해 이미 반론을 제기했습니다. 이것은 지금 우리의 관심 주제에서 본질적인 문제이기도 합니다. 아리스토텔레스는 거짓을 말하는 자는 단지 거짓말할 수 있는 사람이 아니라 거짓말하기를 좋아하는 사람이며, 이런 경향으로 기울어 거짓말하기를 선택해서 의도적으로 거짓을 말한다 o eukheres kai proairetikos는 점을 분명히 밝힙니다. 여기서 플라톤에 대한 또 다른 반론, 즉 의도적으로 거짓을 말하는 사람이 비자발적으로 거짓말하는 —만일 그럴 수 있다면— 사람보다 더 나쁘다는 반론이 등장합니다.

하이데거가 1923-24년 마르부르크에서 진행한 세미나가 최근 책으로 출간됐는데, '로고스에 대한 아리스토텔레스적 규명Die aristotelische Bestimmung des logos'이라는 부제로 아리스토텔레스식 거짓의 현상학에 관한 이야기가 몇 쪽 나옵니다.[8] 이 글이 나온 뒤에, 예를 들면 『존재와 시간Sein und zeit』 중 다자인Dasein[9] 분석에서 거짓말이 그 자체로 중요한 자리를 차지하지 않는(여기에는 흥미롭고 분석이 필요한 여러 이유가 있을 겁니다) 반면에, 1923-24년 하이데거는 이미 단일한 인류학, 그리고 자아ego 이론과 의식, 심리학, 도덕을 넘어 다자인에 관해 "그것은 그 안에 이미 속임수와 거짓말의 가능성을 품고 있다."[10]라고 말했음을 이후의 연결 고리로 적어두겠습니

8) Martin Heidegger, «Die aristotelische Bestimmung des logos(로고스에 대한 아리스토텔레스적 규명)», *Einfürhung in die phänomenologische Forschung*(현상학 연구 입문)(Wintersemester 1923-1924), Gesamtausgabe, vol. 17, Livre I, ch 1, § 2, Francfort-sur-le-Main, Klostermann, 1994, p.35. (이 책의 모든 인용문의 번역은 데리다. N.d.E)

9) '다자인'은 '존재', '현존'을 의미하는 독일어로, 전통적인 형이상학, 인간 중심주의나 휴머니즘과 분리를 원했던 하이데거가 거기(da 다)에 존재(sein 자인)를 붙여서 문자 그대로는 '거기 있는 존재'로 인간 혹은 인간의 본질을 가리키기 위해 사용했다. 한국어로는 '현존재'나 '사이-존재' 등으로 옮긴다. 이 말의 불어 번역에는 논란이 있으며 번역 불가능한 말로 간주되기도 해서 자주 원어를 그대로 사용한다. 위의 각주에서 원서의 편집자가 괄호에 밝혔듯이 데리다는 이 책을 직접 번역 인용하고 있는데 이 개념은 독일어를 그대로 쓰고 있으므로 역주에 이 개념을 간략하게 설명하고 원어를 그대로 쓴다. 옮긴이.

10) "Das Dasein traïgt in sich selbst die Möglichkeiten der Täuschung und der Lüge."

다.[11] 그리고 하이데거는 그전에 "다자인의 말-말하는 능력das Dasein des Sprechens은 그 안에 속임수의 가능성을 품고 있다." 라고 말한 적도 있습니다.

니체가 플라톤주의나 그리스도주의, 칸트주의 그리고 실증주의가 '참세상'을 믿게 하려고 우리에게 '거짓말'을 했다고 의심하는 것처럼 보이는 것도 사실입니다. 우리도 이 사유를 시작하기 위해 그렇게 해야 하겠지만, 통상적인 언어와 철학이 '말하려는' 것에 만족한다면, 이런 '말하기-원하는'[12] 바를 믿는다면 '거짓말하다'가 일반적으로 '틀리다'도 '실수하다'도 '의미하지 않는다'는 점은 변함없습니다. 거짓말하지 않고도 우리는 틀릴 수도 있고 실수할 수도 있습니다. 거짓말하지 않고도 타인에게 틀린 정보를 전달할 수도 있습니다. 설사 거짓이라도 자신이 말하는 것을 스스로 믿는다면, 그리고 남을 속이려는 의도 없이 그에게 이런 착오를 전한다면, 거짓말

11) 데리다가 언급한 하이데거의 마르부르크(1923-24) 세미나는 『존재와 시간(*Sein und zeit*)』(1927)보다 먼저 출간됐다. 옮긴이.

12) 이 표현 'vouloir-dire' '바라다, 원하다'와 '말하다' 두 동사를 연결한 이 표현은 통상적으로 '의미하다, 뜻하다'이지만, 데리다는 부호 '-'를 삽입해서 강조하고 있다. 단순히, '의미하다'로 옮길 수도 있지만, 이미 데리다가 다루기 시작한 문제, 즉 '말하다와 이야기하다'의 문제와 이후에 다루게 되는 '의도'의 문제를 고려해 '말하기-원하다'로 옮긴다. 옮긴이.

하는 것이 아닙니다. 적어도 자기가 생각하고 주장하는 것의 진실을 진심으로 믿는다면, 단순히 틀린 것을 말하는 것일 뿐, 거짓말하는 것이 아닙니다. 이것이 우리가 다뤄야 할 믿음과 진심의 문제입니다. 성 아우구스티누스는 이 문제를 『거짓에 관하여』[13]의 서두에서 환기합니다. 게다가 여기서 그는 믿음과 주장의 차이에 관해 말하는데, 이는 우리에게 오늘날에도 여전히, 또한 새롭게 중대한 가치가 있습니다. '거짓말한다'는 것은 심지어 참말을 하면서도 타인을 속이기 '원한다'는 것입니다. 우리는 거짓말하지 않으면서 틀린 말을 할 수 있고, 속이려는 목적에서 다시 말해 거짓말하면서 맞는 말을 할 수 있습니다. 그러나 비록 그것이 틀린 말이라도 우리가 말하는 것을 믿는다면, 즉 그 말에 믿음이 있다면 거짓말하는 것이 아닙니다. "비록 사실이 아니지만, 그에게 충분히 믿을 만해 보이는 사실

---

13) "그것을 믿거나 진실로 여긴다면 틀린 것을 말하는 것은 거짓말이 아니다. 게다가 믿음과 견해는 다르다. 믿는 사람은 그 진실을 의심하지 않고 믿으면서도 믿는 대상에 대해서는 때로 잘 모르는 것 같다고 느낀다. 의견이 있는 사람은 자신이 모르는 것조차 알고 있다고 생각한다. 그런데 비록 사실이 아니더라도 그에게 충분히 믿을 만해 보이는 사실이나 진실로 간주하는 의견을 진술하는 사람은 거짓말하는 것이 아니다(etiamsi falsum sit)." Saint Augustin(성 아우구스티누스), *Le Mensonge*[거짓말(De mendacio 거짓에 관해)], Première Partie, 1er section, III, 3, dans *Œuvres*, t. II, tr. fr. G. Combès, Paris, Desclée de Brouwer, 1948, p. 237.

이나 그가 진실로 여기는 의견을 진술하는 사람은 거짓말하지 않는다."라고 선언하는 성 아우구스티누스는 '자신에게 하는 거짓말'로 '(자신을 속이거나) 틀리는 경우'를 거짓말에서 제외하는 것 같습니다. 자신에게 하는 거짓말이 정말로 가능할까요? 그리고 모든 자기기만, 자신을 속이는 모든 계략을 거짓이라고 부를 수 있을까요? 우리는 이 질문을 계속해서 던질 것이며, 나중에 이 문제를 정치적 차원에서 다룰 겁니다. 간단히 말해 불어에서 관습적 사용[14]이 아주 빈번하고 매우 양가적인 '틀리다-속이다'라는 표현을 어떻게 이해해야 하는가? 그것은 자기에게 한 거짓말인가? 실수인가? 하는 문제입니다.

---

14) 맥락에 따라 '관습적 사용'이라 번역한 말에 대해서 보충할 필요가 있다. 라틴어 idioma, 그리스어 idiôma, 즉 한 언어에 속한 특수성, idiotisme(이디오티즘, 흔히 정신적 '후진성', 어리석음, 지적 능력의 부재나 결여를 칭하는 idiotie와도 관련된다)에서 비롯한 'idiome(이디옴)'을 옮긴 말이다. '이디옴'은 크게 한 민족이나 국가 같은 공동체의 고유한 언어와 한 지역 혹은 정치적, 행정적 단위와 독립적인 한 공동체의 언어적 사용을 가리킨다. 따라서 인간의 분절적 언어와 이를 너머 모든 분절적, 비분절적 언어를 가리킬 수도 있다. 한국어로 방언, 관용어, 고유어, 공용어, 숙어로 이해할 수 있다. 그런데 '이디옴'이 특별한 언어적 사용이라면, 엄밀한 의미에서는 번역될 수 없다. '번역'이 데리다의 해체를 이해하는 데 필요하다면, '이디옴'은 '해체'와 무관하지 않다. 해체를 '하나 이상의 언어'로 이해한다면 '불어'로 단일하게 지칭되는 '하나의 언어'에는 수많은 번역 불가능한 '이디옴'이 있다(이 같은 이유로 데리다는 이디옴을 불어나 언어 대신 사용하기도 한다). 데리다가 글쓰기를 통해 번역 불가능한 유일무이한 이디옴을 찾는다면 이 '이디옴'은 불가능을 시도하는 번역, 한 언어와 다른 언어 사이의 번역과 [즉 외국어와 모(국)어만을 의미하지 않는다] 어떤 관계가 있어야 한다. 그렇지 않다면, 즉 내부에서 외부로 열린 언어가 아니라면 '이디옴'이라는 이름에 걸맞지 않다. 옮긴이.

우리는 거짓말의 역사가 있다는 말도 쉽사리 믿지 못할 것 같습니다. 누가 감히 거짓말의 역사를 이야기하겠습니까? 그리고 누가 거짓말의 역사도 진짜 역사라고 보증할 수 있겠습니까? 하지만 거짓말에 역사가 있음을 (부여되지 않은 동의로) 가정하므로 더욱더 이 역사를 거짓말하지 않고 이야기할 수 있어야 합니다. 또한 역사와 부정적인 작용으로서 실수의 역사를 절대적 지식을 위한 진실 형성 과정과 진실의 '검증'에 포함할 관례적이고 변증법적인 도식 앞에서 너무 쉽게 물러서지 않고 거짓말의 역사를 이야기할 수 있어야 합니다. 거짓말의 역사, 즉 (모든 거짓말은 위증이므로) 잘못한(혹은 잘못된) 증언의 역사와 위증의 역사가 있다면, 그리고 이 역사가 '거짓말' 혹은 '위증'이라고 불리는 악의 어떤 근본성과 관련된다면, 이 역사는 실수의 역사나 '도덕-너머'라는 의미에서 진리의 역사로 환원되지는 않을 겁니다.

다른 한편으로 설령 거짓말이 허구에서 비롯한, 심혈을 기울인 발명으로 보인다고 해도 모든 허구 혹은 모든 상상의 이야기가 거짓말로 환원되는 것은 아닙니다. 문학도 마찬가지로 거짓말로 환원되지 않습니다. 우리가 끈기 있게 읽고 사유해야 할 또 다른 위대한 '거짓 논리pseudologique', 거짓말과 허구의 거대한 논설이라고 할 수 있는『고독한 산책자의 몽상』「네 번째 산책」에서 루소는 거짓말의 분류를 제안합니다(사기, 기만, 여전히 가장 끔찍한 것으로 남아 있는 중상). 루소는 이 책에서 타인이나 자신에게 해를 끼치지 않는 거짓말은 '거짓말'이라는 이름에 걸맞지 않는다고 말합니다. 루소는 이것을 '허구'[15] 라고 합니다. 루소는 이런 허구가 말해야 하는 의무가 없을 때 진실의 은폐보다 더 심한 거짓말은 아니라고 말합니다. 가장假裝을 포함한 이 같은 진실의 은폐를 통해 루소는 또 다른 문제를 제기합니다. 즉 누군가가 침묵하는 데 만족하지 않고, 밝힐 의무가 없는 진실에 대해 입을 다무는 데 그치지 않고 그와 반대되는 사실을 말한다면, 그는 거짓말하는 것인지, 아닌지를 묻습니다. 그러고는 "정의定義에 따르면 그가 거짓말한다고 말할 수 없을 것이다. 왜냐면 누군가가 아무것도 빚진 것이 없는 사람에게 위조 화폐를 준다면, 그는 이 사람을 속이기는 했지

15) "자기 자신의 이익을 위해 거짓말하는 것은 사기, 타자의 이익을 위해 거짓말하는 것은 기만, 해를 끼치기 위해서 거짓말하는 것은 중상인데, 중상이 가장 나쁜 거짓말이다. 자신이나 타자에게 어떤 이익도 해도 주지 않는 거짓을 말하는 것은 거짓말이 아니라 허구다." Jean-Jacques Rousseau, *Les Rêveries du promeneur solitaire*, «Quatrième Promenade», dans Berbard Gagnebin et Marcek Raymond (éds), Œuvre complètes, t. I, Paris, Gallimard, coll. «Bibliothèque de la Pléiade», 1959, p.1029.

만, 아무것도 훔치지 않았기 때문이다."라고 말합니다. 다시 말해 이 사람의 말이 거짓말이 아니라고 판단하게 하는 거짓말에 대한 정의가 올바르지 않다는 뜻입니다. 칸트는 누군가가 아무것도 훔치지 않더라도 상대를 속인다면 그는 거짓말한 것이라고 말할 겁니다. 칸트는 타인에게 말을 시작하는 순간부터 항상 진실성이 있어야 한다고 생각하기 때문입니다.

이 문제를 곧 다시 다루겠지만, 이를테면 거짓말과 화폐, 나아가 거짓말과 위폐의 금전적 연관성까지 상세히 살펴야 합니다. 저는 단지 그 자체로 거짓말에 관한 담론인 위폐의 담론뿐 아니라 거짓말을 정의할 때 자주 등장하는 위폐의 문제를 말하는 겁니다. 몽테뉴[16]에서 루소, 그리고 「아이들의 두 가지 거짓말」[17]이라는 텍스트에서 이 문제를 에로틱한 관점에서 공고

---

16) Michel de Montaigne, *Essais*(에세이), «Du démentir(반론에 관하여)», *Livre II*, ch. XVIII, dans Albert Thibaudet et Maurice Rat(éds), *Oeuvres complètes*, Paris, Gallimard, coll. Bibliothèque de la Pléiade, 1962, p. 649. 몽테뉴는 이 글에서 진실과 거짓의 관계와 말의 가치를 다룬다. 몽테뉴는 '자신에 대해 말하는 것, 글쓰기의 형태로 자신을 분석하는 것은 시간 낭비인가'라는 토론에서 그렇지 않다는 주장을 펼친다. 옮긴이.

17) Sigmund Freud, «Zwei Kinderigen», dans *Gesammelte Werke*, t. VIII, Werke aus den Jahren 1909-1913, Frankfurt-sur-le-main, Fischer Verlag, 1943, p. 422-427 ; tr.fr. D. Berger et J. Laplanche, «Deux mensonges d'enfants(아이들의 두 거짓말)», dans *Névrose, psychose et perversion*(신경증, 정신병, 성도착), Paris, PUF, 1973, p. 183-188. (N.d.É)

히 한 프로이트까지 이 글에서 프로이트가 환자 한 사람을 돈 때문에 배반하는 유다와 동일시한 것은 우연이 아닙니다[18]— 이런 조합은 매우 특별하고 지속적입니다.

루소는 필요한 만큼이나 섬세하게 (거짓말의 개념적) 구분을 다양화하고 진실성과 올바름, 공정함의 공언公言에서 참과 거짓의 추상적 개념보다 양심의 도덕적 지침에 따라 살아왔음을 강조하고, 의외로 자신을 도덕적 의무에서 자유로운 사람으로 간주하지 않습니다. 그는 다시 고백합니다. "내가 온전히 나무랄 데 없다고 믿기에는 마음속으로 이런 구분들에 충분히 만족하지 못하고 있음을 느낀다." 마치 거짓말에 관한 수사적 담론이 여전히 거짓된 계략, 유죄를 무죄로 만드는 기술, 실천적 이성을 속이고 양심을 침묵하게 하는 용서할 수 없는 수사

18) 데리다가 여기서 암시하는 사례는 프로이트의 『신경증, 정신병, 성도착』 중 「아이들의 두 거짓말」 사례 중 하나이다. 어릴 적 부활절 달걀에 색칠할 물감을 사기 위해 거짓말했다가 형제의 배신으로 들통 난 사건 이후 성격마저 변하고 내 돈과 남의 돈을 엄격히 구분하는 습관이 생긴 한 여성의 이야기이다. 사실 그녀는 돈에 관련된 다른 경험이 있었다. 친하게 지내는 이웃에게서 받은 돈으로 물건을 사고 받은 거스름돈을 그 이웃의 하인을 만났을 때 바닥에 던진 일이다. 그녀는 자신도 설명할 수 없었던 이 사건에서 예수를 배신하고 돈을 받았던 유다를 떠올린다. 이 경험은 그녀의 보모, 성관계, 돈과 관련된 다른 경험과 얽혀 있다. 보모는 자기 애인과의 관계를 묵인해주는 대가로 어린 시절 이 여성에게 돈을 줬지만, 결국 아이는 보모를 배신했다. 프로이트는 이런 여러 경험을 이 여성의 아버지, 성과 연관해 분석한다. 옮긴이.

적 이성의 술책이라도 된다는 듯이 이런 개념적 구분들이 루소 자신의 차마 자백할 수 없는 거짓말을 면죄받기 위해서만 이론적으로 세밀한 양상을 보일 뿐이라고 고백합니다. 그런데 이 회한, 마음으로 온전히 만족하지 못하는 데서 비롯한 회한은 단지 타인에 대한 무한한 진실성의 의무만이 아니라 자신에 대한 의무와도 관련 있습니다. 루소 또한 자신에게 하는 거짓말의 가능성을 민감하게 인식하고 있는 듯합니다. 자신에게 하는 거짓말의 가능성은 오늘 우리 문제의식의 공통적인 영역과 구분점을 정하게 될 겁니다. 과연 우리는 자신에게 거짓말할 수 있을까요? 자신을 속이고 자신에게 거짓말하는 것, 다시 말해 자기가 진실이라고 믿는 것과 다른 것을 의도적으로 말하면서, 이 일을 ―부조리하고 실천 불가능한 일 같지만― 자신을 해치기 위해, 그렇게 행동함으로써 자기희생을 감수하며 스스로 상처 주기 위해, 마치 타인에게 그러듯이 자기가 치러야 할 대가를 빚지는 이런 행동을 할 가능성이 과연 있을까요? 루소는 이런 비합리성을 배제하지 않습니다. '마음속으로' '이런 구분들'에 만족하지 못함을 생각할 때, 다음과 같이 덧붙이기 때문입니다. "그토록 세심하게 마음을 써서 내가 남에게 베풀어야 할 것을 생각하면서 나는 내가 나에게 베풀어야 할 것을 충분히 검토했던가? 타인에게 정당해야 한다면, 자신에게는 진실해야 한다. 이는 정직한 사람이 자신의 고유한 존엄성에 보여야 할 존중이다." 루소는 해명의 여지가 없는 일을 고백할 때 한 걸음 더 나아갑니다. 그의 표현을 빌리면, 그는 단지 '화젯거리'가 바닥났을 때 이를 '채우려고' 했던 이런저런 거짓말, 나아가 이리저리 만들어낸 허구를 자백하는 데 그치지 않습니다. 루소는 그가 선택했던 좌우명 자체, 즉 거짓말뿐 아니라 상상의 이야기와 허구 또한 배제해야 했기에 매우 엄격한 신조를 바탕으로 스스로 '변명의 여지가 없다'고 판단합니다.[19] 이 진리성의 윤리는 언제나 신성화된 희생의 윤리여서 어떤 대가를 치르더라도 지켜야 합니다. 루소는 실제로 신에게 제물을 바치는 제의적 규칙을 바탕으로 이런 신성화된 희생의 윤리에 관해 말하고, 희생 제의에 관련된 어휘를 사용합

---

19) 루소의 고백은 이 점을 분명히 보여줍니다. 루소의 거짓말에 대한 사유는 어떤 경우에도 희생의 사유와 분리되지 않습니다. "그런데 더욱더 변명의 여지가 없도록 하는 것은 내가 선택했던 좌우명이다. 이 좌우명은 어떤 인간보다도 더욱 내게 진리의 가장 조밀한 공언(公言)의 의무를 부과한다. 이를 위해 내 모든 이익과 성향을 '희생'하는 것으로는 충분하지 않아서 나의 나약함과 선천적 소심함도 모두 '희생'해야 했다. 모든 경우에 항상 참될 수 있는 용기와 힘이 있어야 했다. 어떠한 경우에도 진리에 특별하게 '바쳐진' 입과 펜에서 허구나 상상의 이야기가 나와서는 안 됐다." Jean-Jacques Rousseau, *Les Rêveries du promeneur solitaire*, *op. cit.*, p. 1038-1039

니다.

이제 우리는 수많은 거짓말의 허구 역사, 거짓말을 주제로 한 가상과 상상의 이야기, 신화와 새로운 형태의 생산에 바쳐진 수많은 담론을 떠올릴 수 있습니다. 그러나 이것이 거짓스러운 역사는 아닙니다. 즉 거짓말의 '고전적이고 지배적인 개념'을 믿는다면, 수많은 담론은 참이 아닌 역사가 아니라, 무해하고 무고한 역사, 위증과 잘못된(혹은 잘못한) 증언이 없는 '가상'일 뿐입니다. 진실이 아니기 위해, 해를 끼치지 않는 거짓말의 역사를 왜 이야기하지 않을까요? 아무에게도 해를 끼치지 않고 오히려 여기저기서 사람들을 기쁘게 해주고, 심지어 도움이 될 수도 있는 상상의 이야기 같은 거짓말의 역사를 왜 말하지 않을까요?

아마도 여러분은 왜 제가 여기서 이토록 집요하게 거짓말의 고전적이고 지배적인 개념을 이야기하는지 궁금하시겠지요. 그리고 이를 통해서 왜 제가 고전적이고 지배적인 개념이 말하고자 하는 것, 그리고 오늘날 우리가 여전히 이 오래된 명사 '거짓말'이라고 부르는 것의 쟁점, 특히 정치적 쟁점에 관해 사유하려고 하는지도 궁금하실 겁니다. 우리 문화에 거짓말의 실천적 혹은 이론적 상태에 대한 지배적 개념이 존재할까요?

그리고 이런 특징들을 환기해야 하는 이유는 무엇일까요?

그리 간단하지는 않겠지만, 진실하고 정당하고 합당하기를 바라면서 이 특징들을 제 방식대로 형식화해보겠습니다. 그리고 제가 틀린다면(혹은 제가 스스로 속고 있다면), 이는 제가 고의로, 즉 일부러 생각하는 것과 다른 것을 계획적으로 말하고, 특히 이 일이 누군가에게, 가령 저나 다른 사람에게 어떤 방식으로 상처를 준다는 이중적 조건에서만 거짓말이 될 수 있습니다. 하지만 그렇게 되기는 어려울 테고, 나아가 제가 일부러 그랬다는 것을 증명하기는 불가능하다고 감히 말하겠습니다. 저는 지금 하나의 가정假定을 여러분께 알리기 위해 이 점을 강조하고 있습니다. 비록 누군가가 진실을 말하지 않았다는 사실을 증명할 수 있더라도 엄밀한 의미에서 누군가가 거짓말했다는 것을 증명한다는 것은 구조적인 이유로 언제나 불가능합니다. '내가 말한 것은 참이 아니다. 분명히 내가 틀렸지만, 나는 속이려고 하지 않았다. 선의였다'라고 주장하는 사람을 상대로 우리는 아무것도 증명할 수 없습니다. 혹은 '그렇게 말했지만, 그것은 내가 말하려던 바가 아니다. 진심으로, 나의 내면 깊은 곳에서 그것은 내 의도가 아니었다. 거기엔 오해가 있다'면서 말해진 것, 말하는 것, 말하기-원하는 것, 언어와 수사학,

그리고 맥락의 차이를 강조할 수도 있습니다. 이 같은 주장에 이의를 제기하려고 할 때 아무것도 증명할 수 없습니다. 그리고 바로 여기서부터 여러 가지 결론을 도출해야 합니다. 이 같은 결론은 결코 심상치 않고 한계도 없습니다.

자, 여기서 제가 표명해야 한다고 믿는 거짓말의 전통적 정의定義에 대립하는 하나의 정의는 다음과 같습니다. 모두가 인정하는 정의의 우세한 형태에서 거짓말은 어떤 사실이나 상태가 아닙니다. 거짓말은 의도적인 행위, 곧 '거짓말하기'입니다. ('정해진') 거짓말이 따로 있는 것이 아니라, '거짓말하기'라고 부르는 발언, 그 말하기를 원하는 바가 있을 뿐입니다. 그러므로 '무엇이 거짓말인가'라고 묻기보다는 '거짓말한다'는 것은 '무엇을 한다는 것인가, 무엇보다도 거짓말할 때 원하는 것이 무엇인가'를 물어야 합니다. '거짓말하기'에서 거짓말하는 사람들은 주저 없이 단정적으로 하는 말에 전적으로 혹은 부분적으로 거짓이 들어 있음을 인식하고, 즉 명시적·주제적·실제적으로 인식해서 하나 혹은 하나 이상의 언표言表 그리고 일련의 (진술적 혹은 수행적) 언표들을 전달하기 위해 남에게 (우리는 타인에게만 거짓말할 수 있고, 자신을 속이며 자신에게는 거짓말할 수 없으므로, 아니면 타인에게 하듯이 자신에게 거짓말할 수 없으므로) 말을 합니다. 이 같은 앎, 지식과 의식은 거짓말하는 행위에서 필수 불가결하며, 자신의 이런 '알고 있음'에 관한 실제적 인식은 단지 '말해진' 내용뿐 아니라 '거짓말하기'가 거짓말하는 당사자에게 어떤 부채나 의무에 대한 배신, 잘못, 부족으로 확실히 인식되면서 타인에게 '마땅히 줘야' 할 내용과도 관련 있어야 합니다. 거짓말하는 사람은 거짓말하면서 그가 하거나 하려는 일, 이것 없이는 거짓말하지 않았을 이유가 무엇인지 알고 있어야 합니다. 지금부터 이런 다중성, 복잡성, 나아가 이질성을 강조해야 합니다. 모든 결과에 앞서, 무엇보다도 이런 '의도적' 행위는 거짓말하는 사람이 자신이 말하는 바가 틀렸음을 알면서도 그것을 남에게 '믿게 한다'는 간결한 사실로, 그를 속이고 해를 끼치고, 기만할 목적으로 어떤 특정한 사람, 즉 단수 혹은 복수의 타인에게로 향합니다. 비록 분명치 않더라도, 여기서 '믿게-하다', 신용·신뢰·믿음의 영역은 환원 불가능합니다. 거짓말하는 자의 나쁜 마음, 비록 암묵적이었다고 해도 맹세했던 믿음에 대한 배신은 거짓말을 들은 사람에게 말해진 것을 '믿게 해서' 선한 마음을 사로잡아버립니다. 이렇게 해서 이런 믿게-만들기는 타인에게 해를 끼치고 상처를 주며 희생을 치르게 합니다. 나쁜 마음, 배신이 믿게 하기로 마음을 사로잡는 지점에 설령 암묵적이었다고 해도 지키겠다는 마음, 맹세, 약속에 따라 모든 진실, 오로지 진실만을 말할 것으로 추정되는 거짓말하는 자가 있습니다. 따라서 여기서 중요한 것은 처음부터 끝까지 의도입니다. 성 아우구스티누스 또한 우리가 무슨 말을 하든 '속이려는 분명한 의도, 욕망, 의지가 없다면 거짓말도 없다'[20]고 했습니다. 진실성과 '말하는 것', 말하는 행위의 영역에서 거짓말을 규정하는 기준이 되는 의도는 내용, '말해진' 것의 진실성이나 거짓성과 별개입니다. 거짓말은 말해진 것이 아니라 말하기와 말하기-원하는 것과 관련 있습니다. "우리는 진실이라고 믿는 잘못된 주장을 말하면서 거짓말하는 것이 아니라 (중략) 오히려 우리가 거짓으로 믿는 진실한 주장을 말하면서 거짓말한다. '의도를 기준으로' 행동의 도덕성을 판단해야 한다."[21]

이런 정의는 이해하기 쉽고, 변별적이고, 분명하고, 게다가 균일해 보입니다 ─그럼에도 무한대로 여러 층위에서 이미 결

20) "fallendi cupiditas, voluntas fallendi", Saint Augustin, *Le Mensonge*, op., cit., p. 244-246.
21) *ibid.*, p. 244-246. 다른 방식으로 플라톤의 『소 히피아스』에서는 거짓말하기를 원하면서 진실을 말할 가능성 혹은 거짓을 말하면서 거짓말을 하지 않을 가능성을 고려합니다.(367 a)

정되어 있습니다. 이 정의는 걸음을 내디딜 때마다 언제든 잘 못된 길로 들어설 수 있는 미로 같습니다. 이 정의의 모든 요소가 분석에 필요합니다. 이런 분석은 의지의 본질, 의도의 본질, 의도적 인식의 본질, 의도에 실제로 있는 인식을 직접 다루기를 강력히 요구하지만, 우리는 너무도 명백한 여러 가지 이유로 이런 요구를 저버리게 될 겁니다. 또한 거짓말의 문제는 본질, 의도성의 역사, 의지의 역사, 인식의 역사, 자기 현존의 역사, 모든 현상학의 역사에 접근할 때 매우 뛰어난 길잡이가 됩니다. 물론 우리는 이 모든 문제를 일단 보류해둘 겁니다. 지금 우리에게 허락된 시간이 한정됐기 때문만은 아닙니다. 거짓말의 개념을 무너뜨리지 않으려면, 다시 말해 거짓말 개념이 우리의 경험이 형성된 선명하게 구분할 수 없는 미묘한 뉘앙스들의 소용돌이에 휩쓸려 들어가 소멸하기를 바라지 않는다면, 아무리 어렵더라도 거짓말의 개념에서 어떤 원석 같은 것, 원칙적이고 어리석을 만큼 견고한 어떤 것을 보존해야 할 필요가 있습니다. 미묘한 뉘앙스의 소용돌이는 절반쯤의 거짓말, 몇 분의 몇쯤의 거짓말, 의지와 무의지, 의도와 무의도, 인식, 잠재의식과 무의식, 자신의 현재와 부재, 모름과 앎, 진심과 진심에 끼어든 사심邪心, 이로움과 타인의 해로움, '누가 알겠어?

이 거짓말이 진리의 발현, 혹은 내가 응당 순응해야 하는 위계에서 보자면 더 중요한 어떤 진실성의 발현에 이바지할지도 모르잖아.' 이 모든 것 사이의 사유 불가능한 모호한 영역으로 순식간에 미끄러져 들어가 딱히 거짓말이라고 규정할 수 없는 거짓말이 있습니다. 개념의 세밀함과 엄격함이 문제였다면, 저는 거짓말 개념을 이 복잡함의 가변적이고 유동적인 분절들과 접합시켰을 겁니다. 이런 이론적이고 현상학적인 엄격함은 — 뒤에서 이 중요한 문제로 다시 돌아오겠지만— 거짓말의 고전적 정수精髓를 보지 못하게 할 위험이 있습니다. 거짓말의 고전적 정수라는 것이 어떤 것인지 그 범위를 정하기는 쉽지 않겠지만, 이런 것이 없다면 어떤 윤리도, 권리도, 정치도 존속할 수 없을 겁니다. 이 모든 것의 바탕이 되는 공리公理에서 윤리, 정치 등은 거짓과 진실의 대립, 악의와 선의의 대립 등 단순하지만 결정적인 여러 가지 준거가 필요합니다. (비록, 전혀 다른 고려에서 벗어나는 순간, 이런 개념의 현상은 순수한 형태로 이론적이고 결정적인 판단에서 찾을 수도 없고, 증명할 수도 없고, 접근할 수도 없겠지만), 저는 거짓말의 이런 직선적이고, 결정적이고, 필수 불가결하지만 또한 다듬어지지 않고 거친 개념을 거짓말의 노골적露骨的-개념, 전면적이고 단호한 솔직성이라고 부르겠습니다. 노골적이고 단호한 정의를 내리기 어렵게 하는 여러 원인 중에 어떤 침묵의 흔적이 남아 있는 두 가지를 생각해 봐야 합니다. 먼저 자신에게-침묵하는 어려움, 은폐의 어려움, 또한 이미 말했던 침묵 가상화의 어려움이 있습니다. 즉 어떤 종결된 말이 '모든-진실을-오로지-진실만을 말한다'를 정말로 완전히 이행할 수 있는지 아닌지 알기 어렵습니다. 몽테뉴는 이미 오래전에 '모든 것을 말하는 일'의 불가능성에 대해, 그리고 거짓말의 정의 불가능성에 대해 말한 바 있습니다.

만약 거짓말에도 진실처럼 단 하나의 얼굴만이 있다면 우리는 꽤 좋은 관계에 있을 것이다. 거짓말하는 사람이 말하는 것과 반대되는 것을 확신할 수 있기 때문이다. 그러나 진실의 이면에는 수많은 형상이 있고 정의할 수 없는 영역이 있다.[22]

그러나 제가 조금 전에 너무 빨리 지나쳤지만, 무엇보다도 거짓말, 심지어 노골적인 거짓말조차도 언제나 선언적인 발화로 구성되는지 아닌지 살펴야 합니다. 우리가 '말'이라고 부르

---

22) Montaigne, *Essais*, op., cit., p. 38.

는 것을 통하지 않는 다른 언어의 문제, 가령 '동물적' 은폐나 가상화의 논쟁적 문제를 제기하지 않더라도 때로는 세상에서 가장 나쁜 계략으로, 때로는 가장 좋은 의도로 누군가를 속이려는 (암시적이든 명시적이든) 침묵을 통한 표현과 거짓말은 어떤 관계에 있는지 생각해봐야 합니다. 꾸민 미소로 표하는 예의, 시선이나 손짓의 암묵적인 생략 같은 것에서 거짓말을 간파할 수 있을까요? 유기체적 절정의 쾌감을 가장하는 일이 소리 없이, 최소한 분절 언어의 표현 없이 가능하다면, 오늘날 도서관을 가득 채울지도 모르는 가짜 오르가슴에 관한 책을 거짓말, 더 정확히 말해서 배려, 관용, 호의의 거짓말mendacium officiosum에 관한 책이라고 말할 수 있을까요? 이런 가장이 모든 거짓말 개념의 핵심이면서도 외부에 있는 수행적 영역에서만 허구화할 수 있다는 점을 고려하지 않고 말입니다. '안과 밖'이 거짓말의 일반론에서 가장 어려운 문제인데, 제가 바로 이 논리의 '안'에 경솔하고 순진하게 다다른 것 같습니다. 확인 진술할 것이 전혀 없는 곳에서, 아니면 적어도 확인된 사실에서 아무것도 달라지지 않은 곳에서 거짓말은 하나의 사건을 만들려고, 어떤 믿음의 효과를 일으키려고 하므로 수행적 형태의 표현을 포함하고, 진실의 약속을 배반하는 바로 그 지점에서조차도 진실의 약속을 암시합니다. 그러나 동시에 이 수행성은 현실, 진실, 거짓의 가치에 대한 준거를 암시하고 이런 가치들은 수행적 결정이 드러나지 않게 합니다. 진실/거짓에 대한 결정권, 즉 그 자체가 진술적인 주장을 포함한 수행적 경험의 판단이어서 참/거짓의 구별이 아무런 타당성 없는 모든 수행적 경험, 이런 상황에 맞는 예를 들어보면 아리스토텔레스가 말했듯이 그 자체로는 참도 거짓도 아닌 바로 기원祈願, eukhè 같은 경험을 배제합니다. 기원이나 주술이 언어에 한정될 수 있는 영역이든 아니든 (저는 이것을 믿지 않지만), 개념적 경계가 있는 거짓말 본연의 요소를 엄격하게 한정할 때 실현해야 하는 거대하고 실현 불가능한 배제 과정이 있습니다.

그런데 제가 대중적 사실, 즉 이런 가공되지 않은 직선적인, 견고한, 규정할 수 있는 정의, 한마디로 표현하자면 노골적인 거짓말의 정의가 우리 문화에서 '주도적' 개념을 파악하게 한다는 점을 강조했다면, 그것은 무엇보다도 우리 문화에서 어떤 윤리나 권리, 어떤 정치도 이 개념의 온전하고 단순한 소멸에 오랫동안 저항할 수 없기 때문입니다. 따라서 이 점을 상기하고 지식과 지식을 넘어 이에 관해 생각해야 합니다. 또한 저는 이 같은 개념이 문화 전통, 종교 혹은 도덕 전통, 아마도 하나 이상의 유산, 언어의 복합성 등에 따라 규정되며 이 개념 자체에 윤리-철학적인 역사뿐 아니라 사법·정치의 역사가 있다는 가정을 염두에 두고 이 점을 강조합니다.

그런데 여기에 두 가지 복잡성이 있습니다. 우선 첫 번째 복합성을 살펴봅시다. 가장 공통된 것으로 보이는 거짓말의 정의 혹은 노골적인 거짓말에 관한 상식의 역사가 있다고 가정할 때 이 개념은 언제나 그 권위와 가치를 상대화할 수 있는 변화를 내포하고 있습니다. 두 번째 복합성은 거짓말 개념의 역사와 거짓말 자체의 역사, 거짓말의 실천, 여러 가지 방식, 동기, 기술, 거짓말의 과정과 결과에 영향을 주는 역사와 문화를 각각 구분해야 한다는 데 있습니다. 그 자체로 같은 개념과 거짓말로 확인할 수 있는 개념이 우세한 문화 내부에서 사회적 경험, 해석, 거짓말하기의 실천이 달라질 수 있습니다. 거짓말하기는 다른 역사성, 거짓말의 다른 내부 역사성의 원인이 될 수 있습니다. '서양적'이라고 부르는 (유대, 그리스, 라틴, 기독교, 이슬람) 전통에 통일된, 안정된, 신뢰할 수 있는 거짓말 개념이 있다고 가정할 때 이 개념에서 내재적으로 이론적인 역사성을 인정하는 것, 즉 다른 역사와 문화에서 볼 수 있는 개념과 구별하는 것만으로는 충분하지 않습니다. 자기가 속한 전통 안에서 거짓말 개념을 변형시키거나 나아가 폐기할 수도 있을 실천적·사회적·정치적·사법적·기술적 역사성의 가정을 검토해야 합니다.

저는 여기서 이 마지막 가정에 몇몇 특권을 임시로 부여하려 합니다. 우리는 실제로 '세 가지' 역사를 구분할 수 있을까요? 즉 거짓말 개념의 역사Histoire, 거짓말 '에' 일어난 모든 사건 혹은 거짓말 '로' 일어난 모든 사건으로 이뤄진 거짓말의 역사Geschichte, 그리고 이런 거짓말이나 보편적 거짓말 이야기Historie, historia rerum gestarum를 정리한 진짜 역사를 구별할 수 있을까요? 어떻게 이 세 분야를 각기 나누거나 번갈아 파악할 수 있을까요? 그리고 우리는 이런 작업이 얼마나 어려운지 절대 잊지 말아야 합니다.

아직 이 강연을 시작도 못 했지만, 이제 두 번째 고백을 해야겠습니다. 여러분은 다른 모든 고백처럼 제 고백을 의심하셔도 됩니다. 여러 가지 한계, 특히 융통성 없이 정한 시간 때문에 제 생각의 전부, 심지어 거짓말의 역사에 관한 제 핵심적인 생각도 온전히 말할 수 없을 것 같습니다. 제가 거짓말의 역사에 관한 모든 진실을 말하지 않는 것은 그리 놀랍지 않습니다. 또한 저는 오늘 제가 생각할 수 있거나 증언할 수 있는 것의 모든 진실에 관해 거짓말의 역사와 이 역사를 이야기하거나 듣는 전혀 다른 —제 생각에는 필요한— 방식에 관해서도 말하지 않을 것입니다. 따라서 저는 제 생각의 모든 진실을 말하지는 않을 겁니다. 제 설명에 공백이 있으리라는 겁니다. 그런 점에서 저는 잘못을 저지르는 걸까요? 이것은 제가 여러분에게 거짓말을 하리라는 뜻일까요? 이 질문을 유보했다가 토론 시간이나 그 후에라도 여러분 의견을 듣겠습니다.

이제 이 강연의 서두를 조명해줄 두 개의 짧은 인용문을 살펴봅시다. 하나는 거짓말의 역사성, 다른 하나는 진실의 성스러움 혹은 신성神性, 즉 그 외부에서 거짓말로 판정하거나 판단할 수 없는 것과 관련 있습니다. 루소가 '성스러운 진실'[23]을 찬양하는 『고독한 산책자의 몽상』에서 말했듯이 성스러움의 경계 밖에서 '진실의 성스러운 이름' 없이 거짓말은 아무 의미 없고 거짓말 개념을 규정하는 금지를 생각할 수도 없습니다. 여기 두 인용문은 역사를 언급하는 수준에 그치지 않고 성스럽고, 역설적이고, 기발한 '역사성'에 관해 영민하게 사유합니다.

먼저, '거짓말의 역사성'에 관해 말해봅시다. 정치가 거짓

---

23) Rousseau, *Les Rêveries du promeneur solitaire*, *op. cit.*, p. 1027, 1032.

말이 특화된 분야라는 사실은 이미 잘 알려졌습니다. 한나 아렌트는 이 점을 '한 번 이상' 환기합니다.

직업 정치가나 선동가뿐 아니라 정부 인사에게도 거짓말은 항상 필요하고 정당한 도구로 간주됐다. 왜 그런가? 한편으로 정치 영역의 본성과 존엄성과 관련해서, 다른 한편으로 진실과 진심의 존엄성과 본성과 관련해서 이것은 무엇을 의미하는가?[24]

1967년 『예루살렘의 아이히만*Eichmann in Jerusalem*』 출간 이후 언론에서 논쟁이 한창일 때 『뉴요커*New Yorker*』에 '진실과 정치Truth and Politics'라는 제목으로 게재됐던 글은 이렇게 시작합니다. 우리는 한나 아렌트가 이를테면 자기 방식으로 아이히만의 재판을 참관하며 기자 역할을 했다는 사실을 알고 있습니다. 이어서 아렌트는 수많은 거짓말과 조작, 특히 아렌트 자신과 관련해 언론이 저지른 잘못을 고발했습니다. 「진실과 정치」 첫 번째 각주에서 아렌트는 이 사실을 환기합니다.

---

24) Hannah Arendt(한나 아렌트), «Vérité et politique(진실과 정치)», *La Crise de la culture*(문화의 위기), tr.fr. Cl. Dupont et A. Huraut, Paris, Gallimard, 1972, p. 289-290.

이처럼, 아렌트는 대형 언론사 주간지 『뉴요커』를 통해 미디어의 영향에 주목하게 합니다. 저는 여기서 우리 논의 과정에서 점점 더 분명히 밝혀지기 바라는 여러 이유로 언론 매체 영역과 발행 장소, 언론사의 —뉴욕이자 국제적인— 이름을 곧바로 밝히겠습니다. 아렌트는 몇 년 후인 1971년 (왜냐면 이 언론 또한 역사가 있고, 한나 아렌트가 이에 관해 자주 썼기에) 『뉴욕 리뷰 오브 북스New Yorker Review of Books』에 「정치에서 거짓말: 펜타곤 문서에 관한 사유Lying in Politics: Reflections on the Pentagon Papers」(『공화국의 위기Crises of the Republics』)를 게재합니다. 펜타곤 문서, 즉 맥나마라가 주도한 제2차 세계대전부터 1968년 베트남 전쟁까지 미국 정치 기록인 이 비밀문서는 또 다른 국제적 잡지 『뉴욕 타임스』에 이미 공개됐습니다. '『뉴욕 타임스』를 위해 펜타곤 문서를 수집한 사람들의 의중'[25])에 관해 아렌트는 이렇게 말합니다.

지난 6년간 우리가 겪어온 저 유명한 신뢰성의 균열은 갑자기 심연을 드러냈다. 속임수에서 자기-기만[deceptions as well

---

25) "in the minds of those who compiled The Pentagon Papers for the New York Times"

as self-deceptions, 저는 '자기기만self-deceptions'을 강조합니다. '자기기만'은 우리가 여기서 관심을 보이는 문제, 즉 거짓말의 역사에서 정확하고 정당한 개념이라고 말할 수 있을까요? 엄밀한 의미에서 우리는 정말로 자신에게 거짓말할까요?]에 이르기까지 온갖 거짓 진술의 수렁은 이 자료 조사에 주의를 기울여 지난 10여 년간 미국 내외 정치의 하부구조였음을 불행히도 인정해야 했던 모든 독자를 집어삼킬 만했다.[26]

우리가 잘 알듯이 역사, 특히 정치사가 거짓말로 넘친다면 어떻게 거짓말 '자체'의 역사가 존재할 수 있겠습니까? 거짓말의 경험이 매우 일반적인 것 같고, 겉으로 보기에 매우 분명한 구조를 갖추고 있고, 보편적인 만큼 영원한 가능성인 거짓말

---

26) H. Arendt, «Lying in Politics: Reflections on the Pentagon Papers», *Crises of the Republics*, New York, Harcourt Brace Jovanovich, 1972, p. 4-5. 인용문의 번역은 데리다가 했으며 해당 부분의 영어 원문은 다음과 같다. "The famous credibility gap, which has been with us for six long years, has suddenly opened up into an abyss. The quicksand of lying statements of all sorts, deceptions as well as self-deceptions is apt to engulf any reader who whishes to probe this material, which, unhappily, he must recognize as the infrastructure of nearly a decade of United States foreign and domestic policy."[불어 번역본 «Du mensonge en politique: réflexions sur les documents du Pentagone», *Du mensonge à la violence*, tr. fr. G. Durand, Paris, Calmann-Lévy, 1972, p. 8. (N.d.É.)]

에 어떻게 그 자체의 내재적이고 본질적 역사가 존재할 수 있겠습니까?

그런데 한나 아렌트는 「진실과 정치」에서 거짓말의 역사에 나타나는 변화에 주목합니다. 이 돌연변이는 거짓말 '개념'의 역사와 거짓말 '하기'의 역사에서 동시적으로 변화를 일으킵니다. 거짓말은 현대에 이르면 그 정점에 도달하고, '완전무결하고 결정적인' 것이 됩니다. 가히 거짓말의 발전과 승리라고 부를 만합니다. 오스카 와일드는 예술과 인문 영역에서 오래전 자신이 '거짓말의 쇠퇴The Decay of Lying'라고 부른 것, 어떤 유명한 글의 제목이기도 했던 이 문제에 대해 불만을 토로했습니다. 그는 정치인, 변호사, 심지어 기자에게서 이런 쇠퇴decadence를 진단합니다. 그들은 점점 더 거짓말을 못합니다. 더는 거짓말하는 기술을 계발하지도 않습니다. 거짓말의 평온은 예술가에게, 특히 언설의 기술, 마찬가지로 이 쇠퇴의 위협을 받는 문학이 도맡아야 할 기술입니다. 그렇습니다. 와일드가 거짓말이 사라져가는 현실을 개탄하는 바로 이 지점에서, 아렌트는 반대로 정치 논쟁의 장에서 거짓말의 과장된 성장과 확대, 거짓말이 한계에 도달한 상황, 그러니까 절대적 거짓말의 위상을 우려합니다. 역사의 종말로서 절대적 지식이 아니라 절대적 거짓말로 전향한 역사의 문제입니다.

이런 상황을 어떻게 이해해야 할까요?

이전 시대에는 알려지지 않았던 '완전하고 결정적인 거짓말의 가능성'[27]은 현대적 사실 조작에서 발생한 위험이다. 심지어 정부가 사실에 근거를 두고 그런 것과 그렇지 않은 것을 정하고 그것을 말하는 권력을 독점하지 않는 자유 세계에서조차도 거대한 '이익 집단'은 예전에는 외국 관련 일들을 다루는 데 한정됐거나, 극단적인 남용의 경우 분명하고 현재적 위험에만 한정됐던 일종의 '국가 이성'의 사고 구조를 일반화했다. 그리고 정부의 단계적 프로파간다는 매디슨가[28]의 약삭빠른 사업 수단과 방법을 배웠다.[...][29]

역사의 두 종말을 대립시키는 것, 즉 이런 악의 부정적 개념, 절대적 거짓말을 절대적 지식의 실증성—거대 세계에서든

---

27) 데리다가 괄호안에 삽입한 영어는 '이 같은 완전성과 가능성있는 최종성(Such completeness and potential finality)'이다. 옮긴이.

28) 광고의 거리를 가리킨다. 옮긴이.

29) H. Arendt, *La Crise de la culture*, op., cit., p. 324-325.

(헤겔) 미소 세계에서든(후쿠야마)—과 대립시키는 것은 흥미로운 시도이기는 하지만, 조금 단순해 보입니다. 절대적 거짓말 개념에서 우리가 의심하는 것은 이 개념이 절대적 지식, 구성 요소에서 성찰적 자의식의 절대적 지식으로 남아 있는 절대 지식을 전제한다는 점입니다. 정의에 따르면 거짓말하는 사람은 그 진실을 알고 있거나 아니면 모든 진실을 알고 있거나, 적어도 자신이 생각하는 바의 진실을 알고 있고, 자신이 '말하고자 하는 바'를 알고 있으며, 자신이 생각하는 것과 말하는 것의 차이를 알고 있습니다. 즉 그는 자신이 거짓말한다는 사실을 알고 있다는 겁니다. 소크라테스는 지식, 과학, 자기 인식과 거짓말의 본질적 관계를 공언했고, 『소 히피아스』의 한 등장인물을 통해 이 문제를 다뤘습니다. 거짓말이 그 의식과 거짓말 개념을 통해 이뤄져야 한다면, 아렌트가 말하는 절대적 거짓말은 여전히 절대적 지식의 이면일 수 있습니다.

아렌트는 같은 논문에서 현대적 유형의 거짓말 문제를 다시 제기하고자 유럽 정치의 두 가지 사례를 제시합니다. 이 거짓말 문제의 주인공은 드골과 아데나워입니다. 드골이 "프랑스는 지난 전쟁에서 승리한 쪽에 속하고, 따라서 강대국 중 하나"라고 주장하고 끝내 이 주장을 거의 믿게 했다면, 아데나워는 "이 나라에서 국가사회주의의 야만성은 상대적으로 소수에만 영향을 끼쳤을 뿐이다."[30]라고 주장하고 이를 믿게 했습니다. 이 두 사례는 '전통적인' 정치적 거짓말을 역사의 '현대적인' 다시 쓰기와 대립시키는 방법을 따르고 있으며, 또한 이미지의 새로운 위상을 전제하고 있습니다.

우리는 이제부터 비교적 최근 현상, 즉 역사 다시 쓰기와 이미지 생산, 여러 정부의 정책에서 명백히 드러난 사실과 여론의 광범위한 조작에 주의를 기울여야 한다. 외교와 정치적 권한의 역사에서 너무나 잘 드러나는 정치의 전통적 거짓말은 일상적일 수도 있고 한 번도 공개되지 않은 내용이라는 의미에서 진정한 비밀에 관한 것일 수도 있고, 그도 아니면 어쨌거나 완료된 사실 수준의 신뢰성을 갖추지 못한 여러 의도에 관련된 것일 수도 있다. [...] 현대 정치에서 거짓말은 전혀 비밀이 아니지만, 거의 대부분 사람이 이미 아는 것들을 효율적으로 다룬다. 이 점은 현대사 다시 쓰기의 경우에 현대사를 직접 겪은 사람들에게 매우 분명하고, 마찬가지로 모든 종류

---

30) *ibid.*, p. 321.

의 이미지 생산에서도 그렇다. [...] 예전 방식의 초상肖像과 달리 하나의 이미지는 실재를 보기 좋게 포장하는 게 아니라, 완전한 대체물을 내놓는다. 그리고 이 대체물은 현대 기술과 대중매체 덕분에 원본이라면 결코 그럴 수 없을 만큼 훨씬 더 많이 보인다.[31]

이런 이유로 대체-이미지는 원본, 설령 더 유리하게 재현됐어도 더는 원본을 가리키지 않고 재현물에서 대체물의 지위로 옮겨가며 대체물을 더 많이 가리키게 되고, 현대적 거짓말 과정은 진실의 은폐가 아니라, 현실의 파괴 혹은 원본 자료의 파괴가 될 겁니다.

다른 말로 하자면, 전통적 거짓말과 현대적 거짓말의 차이는 아주 흔히 '은폐하다'와 '파괴하다'의 차이로 귀결된다.[32]

이런 견해의 논리 구조는 나중에 다시 살펴볼 겁니다. 이로써 '거짓말'이라는 단어와 이 단어의 개념은 한나 아렌트가 이

---

31) *ibid.*, p. 320-321. (N.d.É)

32) *ibid.*, p. 322.

들의 개념적 역사를 정확히 감안해서 아주신속하고 명석하게 우리 주의를 모았던 —그리고 아렌트 스스로 이에 관해, 특히 아이히만 재판의 리포터였던 시절에 몹시 고통스러운 경험을 자주 했던— 현대성의 정치적, 기술-매체적, 증언적 현상들을 지목하기에 적합할까요?

자, 이제 서두의 두 인용문 중 나머지 하나를 살펴봅시다. 이 인용문이 언급하는 역사성은 성스러움이나 신성의 역사성에 관한 것입니다. 성스러운-신성Heilig-keit은 예를 들어 칸트의 관점에서, 혹은 아우구스티누스가 명시적으로 선언하지는 않지만 그에게서 비롯한 전통에서 거짓말하지 않을 의무 혹은 무조건적 명령을 제시합니다. 진실을 말해야 하는 의무는 성스러운 절대명령입니다. 그런데 (여기서 제가 언급하고 싶은 친구이자 동료) 라이너 슈어만[33]은 『무정부 원칙Le Principe d'anarchie)』에서 하이데거의 글을 독해하는 중에 성스러움의 가치와 역사성을 연결하면서 다음과 같이 말합니다.

---

33) Reiner Schürmann(1941-93): 네덜란드에서 출생한 독일 철학자. 모든 책을 불어로 출간했다. 중요한 철학 저작은 본문에 인용된 『하이데거와 행동의 문제』(1982) 외에 『마이스터 에크하르트와 방랑의 즐거움(Maître Eckhart et la joie errante)』(1972)과 사후에 출간된 기념비적 저작 『부서진 헤게모니(Des hégémonies brisées)』가 있다. 옮긴이.

'성스러움'의 관념은 기원적인 것의 맥락에 속하므로 여전히 역사적이다. 성스러운 것은 신들의 귀환으로 이어지는 "사라진 신들의 흔적"[34]이다. 반대로 '정숙整肅'과 '열렬하고 헌신적인 신앙심'은 근원적 현상을 동반하므로 사유를 전혀 역사적이지 않은 현존의 유일한 발현 쪽으로 향하게 한다.[35]

34) Heidegger(하이데거), «Wozu Dichter?(무엇을 위한 시인인가?)», *Holzwege*(숲길), Francfort-sur-le-Main, Klostermann, 1950, p. 250 sq. ; tr. fr. W. Brokmeier, «Pourquoi des poètes(왜 시인들인가?)?», *Chemins qui ne mènent nulle part*(어디에도 이르지 않는 길), François fédier(éd.), Paris, Gallimard, 1962, p. 222 sq. (N.d.É.)

35) Reiner Schürmann(라이너 슈어만), *Le principe de l'anarchie, Heidegger et la question de l'agir*(무정부 원칙, 하이데거와 행동의 문제), Paris, Le seuil, 1982, p. 183-184, n.1.

I

자, 이제부터 저는 거짓말하지 않고(믿어주세요), 몇 가지 이야기를 시작하려고 합니다. 역사학자나 고전적 연대기 작가, 시사평론가처럼 서술조로 여러분에게 몇가지 특별한 사례를 소개하겠습니다. 이런 사례들에서 출발해서 칸트가 '반성적 판단력'이라고 부른 것의 흐름을 따라, 그와 비슷하게 성찰적으로 문제를 심화해보도록 하겠습니다. '규정하기' 위해서가 아니라, '사고하기' 위해서, 경험을 통해서는 얻을 수 없는 원칙을 목적으로, 특별한 것에서 출발해서 일반적인 것으로 나아갈 겁니다. 결정적 판단력과 반성적 판단력을 구별하는 중요하고 규범이 되는 칸트식 구분에 비슷하게나마 준거를 두는 이유는 다음 세 가지입니다. 한편으로『판단력 비판』에서 칸트의 이런 구분은 이율배반과 변증법을 낳는데, 이는 우리가 곧 파악하게 될 이율배반, 변증법과 무관하지 않습니다. 다른 한편으로「진실과 정치」에서 아렌트는 칸트가 제시한 사례의 미덕을 길게 언급합니다. 게다가『판단력 비판』을 직접 인용하기도 합니다. 그리고 마지막, 중요한 세 번째 이유로 칸트는 거짓말에 관해 짧지만 조밀하고 어려운 에세이(6쪽 가량)를 쓴 적이 있습니다. 마치 거짓말을 둘러싼 토론이 철학적으로 국가 간 갈등을 드러내기라도 한다는 듯이 뱅자맹 콩스탕이 '어느 독일 철학자'를 탓했다면, 칸트는 이 글에 그가 '프랑스 철학자 Der französische Philosoph'라고 부른 콩스탕에게 보내는 논쟁적 답변을 게재했습니다. 제가 보기에 이 몇 쪽의 글은 서구 역사에서 '고백록confession'이라는 제목으로 책을 쓴 두 위대한 저자, 루소와 아우구스티누스 이후 거짓에 관한 사유의 가장 급진적인 시도 중 하나이며 모든 거짓말을 규정하고 성찰하고 추방하거나 금지하려는 가장 강력한 시도 중 하나로 볼 수 있습니다. 그는 거짓말을 조건 없이 금지합니다. 제가 말하는 칸트의 글은 일반적으로 분석되기보다는 찬양되는 「이른바 인류의 거짓말 할 권리」(1797)[36]라는 짧은 논문 입니다. 아렌트는 조금 전에 언급한 논문 외에 다른 저술에서도 칸트를 자주 인용하지만, 제가 알기로 이 에세이만은 한 번도 언급한 적이 없

<hr />

36) Immanuel Kant(임마누엘 칸트), «Über ein vermeintes Recht aus Menschenliebe zu lügen(인류애 때문에 거짓말할 수 있다는 잘못 생각된 권리)» (1797); tr. fr. L. Guillermit, «Sur un prétendu droit de mentir par humanité(이른바 인류의 거짓말할 권리)», dans *Théorie et pratique*(이론과 실천), Paris, Vrin; 1967, p. 67-73.

습니다. 하지만 이 글은 아주 중요하고, 난해하고, 나아가 아렌트가 논증하는 주장의 핵심 논리로 환원되지도 않습니다. 칸트의 이 글을 필요한 만큼 충분히 읽지 않더라도, 이 글에서 그가 거짓말과 진실 혹은 진실-정확성의 정언명령을 정의하는 방식을 [거짓말의 반대는 당연히 진실이나 실제가 아니라, 진실 혹은 진실-정확성, 참-말하기, 참-말하기-원함, 정직(wahrhaftigkeit: 진실, 진심)이므로] 어느 정도 가늠해볼 수 있습니다. 거짓말이나 진실성의 의무에 대한 칸트식 정의는 매우 형식적이고, 명령적이고, 무조건적이어서 모든 '역사적' 고려를 배제하는 것처럼 보입니다. 진실만을 말해야 하고, 어떤 순간에 어떤 가정에서 어떤 대가를 치르더라도 역사적 상황이 어떻든 간에 참돼야만 합니다. 유용한 거짓말 혹은 배려를 위한 거짓말이나 친절한 거짓말(루소도 고전적 표현인 'mendacium officiosum'을 '선의의 거짓말'이라고 번역하면서 어떤 '선의의 거짓말'도 존재할 수 없다고 말합니다) 따위는 절대 용인되지 않습니다. 칸트는 성 아우구스티누스가 분석한 난처하고 까다로운 사례들과 관련해서 정교한 타협론에 관심을 기울이기보다는 대부분 성서에 등장하는 사례에서 출발해 진실성wahrhaftigkeit: veracitas을 절대적 형식의 의무로 정의할 때, 모든 역사적 내용을 배제하는 것 같습니다.

진술의 진실성Wahrhaftigkeit in Aussagen은 [...] 그로 인해 그
에게 생길 수 있는 피해가 아무리 심각하더라도 각자에 대한
인간의 형식적 의무이다.

칸트의 글이 특별히 법적이거나 윤리적이지는 않지만, 글
의 제목이 말하듯이 '거짓말의 권리Recht ... Zu lügen'를 다루고
있고, '윤리적 의무'가 아니라 '법(권리)의 의무Rechtspflicht'를
말하고 있으나, 그리고 이 부분은 언뜻 생각하기에 역사적 관
점에 더 유리하거나 적어도 덜 축소적으로 보이지만, 사실 칸
트는 거짓말의 정의에서 이 모든 역사성을 배제하는 것 같습
니다. 그러나 한나 아렌트는 거짓말의 본질 자체, 사건과 거짓
말의 실행에 바로 이 역사성을 도입합니다. 실제로 법의 관점
에서 보자면, 칸트의 관점은 순수하게 형식적으로 사법적 혹
은 메타-사법적입니다. 그의 입장은 형식적 권리, 사회계약의
여러 조건과 권리의 순수한 자원과 관련된 여러 조건에 대한
관심과 일치합니다.

이처럼 타인에게 고의로 하는, 참이 아닌 진술로 거짓말을 간결하게 정의하면 법률가들이 거짓말을 정의할 때 필요한, '타인에게 해를 끼치는 것이어야 한다mendacium est falsiloquium in praejudicium alterius'는 조항이 필요 없다. 왜냐면 거짓말은 늘 타자에게 해를 끼치기 때문이다. 즉 설령 남에게 해를 끼치지 않더라도 거짓말은 법적 권리 근거의 가치를 훼손함으로써 인류 전반에 해를 끼친다(거짓말은 법적 권리의 출처를 무용화한다die Rechtasquelle unvrauchba macht).[37]

칸트는 거짓말의 동기나 결과가 무엇이든 거짓말 자체, 거짓말의 내재성에서 선험적으로 나쁜 무언가를 정의하려는 것 같습니다. 칸트는 이로움, 즉 타인에게 이롭다고 추정한 어떤 것을 위해 고의로 그를 속이려 했다는 점에서 가장된 오르가슴도 틀림없이 거짓말이라며 비난했을 겁니다(그리고 거짓말의 패러다임이 성적인 주이상스[38] 경험과 본질적으로 연관이 있다는 사

---

37) I. Kant, *op. cit.*, p. 68-69.(데리다가 번역 수정함 N.d.E).

38) 불어 jouissance는 오르가슴 같은 성적 쾌락을 의미하지만 정신분석학자 라캉은 이 용어를 헤겔의 주인과 노예의 변증법 맥락에서 사용하면서 노예는 주인이 향유하는 쾌락을 제공하기 위해 노동하는 상황에서 주인(타자)의 주이상스에 봉사한다는 점에 주목했다. 쾌락은 주체의 향유에 제한을 두지만 주이상스는 이런 쾌락의 원칙 너머에 있

실을 절대 배제하지 않고, 오히려 그 반대 관점에서 거짓말의 역사를 성차의 역사, 성차의 에로틱함과 그 해석의 역사와 연관 짓는 강연이 하나 이상 있을 듯합니다). 칸트는 인간의 법적 권리와 일반적 사회성의 근거 자체, 즉 기대되는 효과가 어떻든지, 외부 맥락과 역사 맥락이 어떻든지, 무엇보다도 진실을 말해야 한다는 내재적 필연성에 관심을 둡니다. 조건 없이 거짓말을 몰아내지 않으면 인류의 사회적 관계를 그 원칙부터 무너뜨리고, 사회의 존립을 불가능하게 합니다. 몽테뉴도 자기 나름대로 이 문제를 언급한 바 있습니다.[39] 칸트는 이처럼 '모든 사회를 불가

다. 주체는 쾌락을 향유하면서도 부과된 금지와 제한을 끊임없이 위반하려 한다. 쾌락 원칙의 위반에는 쾌가 아니라 불쾌나 고통이 따르는데 라캉은 이런 고통스러운 쾌락을 주이상스라고 불렀다. 고통에서 쾌락을 얻으므로 주체는 자신이 겪는 고통을 즐겁게 누린다.

39) "거짓말하는 일은 정말로 저주받은 악이다. 우리는 말로써만 인간이며 서로를 인간으로 여긴다." (Montaigne, *Essais*, «Des menteurs(거짓말쟁이)», *Livre I*, ch. IX, dans *Œuvre complètes*, op. cit., p. 56). 그 밖에도 "우리의 지성은 오로지 말로만 인도되는데 이 말을 왜곡하는 자는 공적 사회를 배신한다. 말은 우리의 의지와 생각을 교환하는 유일한 도구로 우리 정신의 매개자이다. 이것이 없으면 더는 인간일 수 없고 서로를 인간으로 인정할 수도 없다. 말이 우리를 속이면, 우리의 모든 교류가 끊기고 모든 정치적 관계가 무너진다."(같은 책, *Livre II*, ch. XVIII, p. 650). 칸트의 제안이라면 이런 의견은 보편성, 즉 일종의 무(無) 역사성이나 초(超) 역사성을 띨 것입니다. 그리고 아렌트라면, 이런 의견은 아메리카 신세계에서 그 예를 여럿 찾아낼 겁니다. "새로운 인도(이름만이라는 사실을 알 수 있다, 이들은 더는 새로운 인도가 아니다. 대단할뿐더러 유례도 없는 이런 정복의 폐해는 여러 장소의 이름과 이전 지식의 완전 폐지에까지 이르렀기 때문이다)의 어떤 나라들은 인간의 피, 인간의 혀와 귀에서 얻은 피를 거짓의 죄, 말한 죄만큼이나 들은 죄를 사하기 위해 그들의 신들에게 바친다."(같은 책, 같은 쪽).

능'하게 한 '독일 철학자'의 엄격함을 비판한 뱅자맹 콩스탕의
정반대 지점에 있습니다.[40] 칸트는 아주 작은 거짓말이라도 정
당화된다면, 즉 윤리 실천 원칙이 스스로 법을 파괴하지 않고는
보편화될 수 없을 어떤 행동이 정당화된다면 사회는 존립이 불
가능해진다고 보았습니다. 이는 당연히 거짓말과 거짓 약속에
모두 해당하며 칸트는 『도덕 형이상학의 기초』[41]에서 이 둘을
연계합니다. 진실, 나의 진실, 다시 말해 나의 진실성을 타자에게
암묵적으로라도 약속할 때만 나는 그에게 말을 걸 수 있습니다.
이처럼 칸트의 과장되고 지킬 수 없는 규칙(어떤 경우에도, 어떤
구실로도, 그것이 아무리 세계에서 가장 중요해 보여도 절대 거짓말하

---

40) "진실을 말하는 것이 의무라는 도덕 원칙은 이 의무가 절대적이고 고립된 방식으
로 적용되면 사회를 불가능하게 만든다. 친구가 당신의 집에 숨어 있는지 묻는 살인자
들에게도 거짓말은 죄라고 주장하는 데까지 나아간 독일 철학자가 이 같은 도덕 원칙
에서 끌어낸 결론에서 우리는 이에 대한 증거를 찾을 수 있다.(La France en l'an 1797,
sixième cahier(1797 프랑스, 6번째 노트), n°1, p. 123)." [I. Kant, «Sur un prétendu droit
de mentir par humanité», dans *Théorie et pratique*, op. cit., p. 67. (N.d.É.)]

41) Id., *Fondements de la métaphysique des mœurs*(도덕 형이상학의 기초), tr. fr. V.
Delbos, introd. et notes A. philonenko, Paris, Vrin, 1980, p. 69 "[...] 만에 하나 내가 거
짓말하기를 바랄 수 있다 해도, 어떤 경우에도 나는 거짓말하기를 명령하는 보편법을
기대할 수는 없다. 사실 이런 법에 따르면, 엄밀한 의미에서 약속은 더는 존재하지 않을
것이다. 왜냐면 미래의 내 행동에 대한 내 의지를 거의 믿지 않을 다른 사람에게 무언가
를 선언하는 것은 소용없는 일이기 때문이다. 혹시 다른 사람이 경솔하게 나를 믿는다
면 그는 내게 정확하게 같은 대가를 치를 것이다. 따라서 내 윤리 실천 원칙이 보편 법
에서 세워지는 순간, 내 윤리 실천 원칙도 필연적으로 붕괴한다."

지 않고, 절대 거짓으로 약속하지 않는다)처럼 보이는 것은 또한 소박하지만 견고한 묘사, 언어의 본질에 대한 간단한 확증적 분석처럼 설명될 수 있습니다. 이렇게 말입니다. '물론, 넌 언제든지 거짓말할 수 있지. 약속하면서도 거짓말할 수 있지만, —칸트 자신은 아마도 절대 그런 적 없다고 하겠지만— 그렇게 한다는 것은 네가 말하기를 포기한다는 뜻이야. 네가 더는 인간으로서 남에게 말하지 않는다는 뜻이고. 모든 언어는 진실성에 대한 약속으로 구조화돼 있으니 너는 언어 자체를 포기한 거야.'

집요하게 따라붙어 진실성을 제압할 가능성의 환영, 가능한 거짓말의 환영에 대해 다른 방식으로 사유하는 경우를 제외하고, 칸트의 견해는 매우 강력하고, 논박하기 어렵습니다. 나중에 이 환영에 관해 다시 이야기할 때를 기다리며 지금은 이 문제를 일단 접어두기로 합시다. 어쨌든, 참을 말하라는, 참-을-말하기를-원하라는 이성적 계율의 '성스러움'이나 '신성'은 언어에 전제된 '진실성의 약속'이라는 순수한 내재성에 자리 잡고 있습니다. 라이너 슈어만은 성스러움이 역사적이라고 했습니다. 그러나 칸트에게는 특히 이 경우에, 성스러움은 적어도 일상적 의미에서 역사적이지 않은 듯합니다. 그러나 다른 의미에서, 즉 역사와 보편적인 인류의 사회성 기원과 그

조건으로서 성스러움이 역사적이라는 가정은 남아 있습니다. 계율의 이 같은 성스러움에 모든 것을 희생해야 합니다. 칸트는 이렇게 썼습니다.

그러므로 이성의 계율Vernunftgebot은 성스럽고heiliges, 조건 없이 절대적unbedingt gebietendes이다. 어떤 상황도 이성의 계율을 제한할 수 없다. 모든 선언에서 진실 정확해야 wahrhaft(충실한, 솔직한, 바른, 진심인: ehrlich)만 한다.[42]

비로소 저는 앞서 언급했던 사례들과 저와 관계있는 유럽 두 세계의 시평時評에 관해 말하려 합니다. 사례는 가까운 곳에서 찾았는데, 서양인이 거주하는 것으로 간주할 수 있는 두 대륙에서, 즉 유럽과 미국(파리와 뉴욕)에서 간행하는 두 신문, 『뉴욕 타임스』와 『인터네셔널 헤럴드 트리뷴』 파리 판에서 사례를 골랐습니다. 자크 시라크 대통령은 당선된 지 얼마 후에 마치 돌이킬 수 없는 결정처럼 프랑스가 태평양에서 핵실험을 재개하리라고 발표했습니다. 그러나 또한 우리가 기억하듯이

----

42) I. Kant, «Sur un prétendu droit de mentir par humanité», dans *Théorie et pratique*, op. cit., p.69-70. (N.d.É.)

'벨로드롬 디베르 대규모 검거'[43]라는 이 음울한 기억을 기념하는 날에 시라크 대통령은 수만 명 유대인의 강제수용, '유대인'이라는 신분 제정뿐 아니라 여러 가지 행위에 대한 프랑스국[44]의 책임, 즉 나치 점령기라는 강제 상황 때문이 아니라 주도적으로 자행한 유죄를 엄숙히 인정했습니다. 이 같은 유죄성, 다시 말해 오늘날 반인류 범죄로 지정된 범죄에 대한 적극참여의 유죄성이 비로소, 돌이킬 수 없이 인정됐습니다. 여기한 국가가 마침내 있는 그대로 자백한 유죄가 있습니다. 다수국민이 지지해서 당선된 대통령이 공표한 자백입니다. 유죄는 '프랑스'라는 국가의 이름으로 국제법 권리에 따라 신문, 라디오 텔레비전 등 광범위하게 여론을 통해 극적인 형태로 전 세계에 공식 선언됐습니다(저는 국가, 공익, 공화국res publica과 미디어의 관계를 다시 한번 강조합니다. 바로 여기에 이미지 위상의 전이와 함께 지금 우리가 다루는 주제 중 하나가 있기 때문입니다). 대통령이 공표한 진실은 이로써 지위, 즉 안정성과 권위, 공적·국

---

43) La rafle du Vél d'Hiv: 1942년 7월16-17일 프랑스 경찰이 다수의 유대인을 갑자기 체포하여 파리 15지구에 있는 동계 경륜장(Vélodrome d'hiver, 약칭 '벨디브')에 수용한 사건을 말한다. 이들 중 많은 사람이 파리 근교의 드랑시 수용소 등을 거쳐 아우슈비츠 수용소로 옮겨졌고 대부분 그곳에서 사망했다. 옮긴이.

44) État français: 나치 점령기 비시를 수도로 세워진 필리프 페탱 원수의 정부. 옮긴이.

가적·세계적 진실의 지위를 얻었습니다.

　그런데 이 역사의 진실에는 그 자체의 역사가 있습니다. 이 진실은 문제의 사건이 발생한 지 50년이 흐른 뒤에 합법화되고 신뢰성을 부여받아 성립된 듯합니다. 오리올, 코티, 드골, 퐁피두, 지스카르 데스탱, 미테랑 등 프랑스 공화국의 여섯 대통령은 이런 진실을 공고히 하는 일이 가능하지도, 시의적절하지도, 필요하지도 않고, 심지어 '정당'하지도 않다고 판단했습니다. 이들 중 누구도 프랑스, 프랑스 민족, 프랑스 국가, 프랑스 공화국이 이 진실의 책임, 즉 반인류 범죄를 저지른 유죄 프랑스의 책임을 인정하는 선언을 해야 한다고 믿지 않았습니다. 오늘날 우리는 유럽과 유럽 밖에서, 일본, 미국, 이스라엘에서 그들이 최근에 발견했든, 아니면 오랫동안 국제적 인식을 우려해왔든, 폭력이나 억압, 명백한 전쟁 범죄 문제와 관련된 유사한 상황을 얼마든지 열거할 수 있습니다. 예를 들어 미국의 클린턴 대통령이 수많은 역사학자의 증언도 아랑곳하지 않고 히로시마와 나가사키에 핵폭탄을 투하한 것을 정당한 결정으로 간주하는 공식 입장을 유지하면서 이 문제에 대한 재고를 거부했다는 사실을 우리는 잘 알고 있습니다. 우리는 또한 전쟁 중 일본의 대아시아 정책, 알제리 전쟁, 걸프전, 과거 유고 연방 내전, 르완다 학살, 체첸 분쟁 등 여전히 해결되기를 기다리는 일에 관해서도 말할 수 있을 겁니다. 제가 일본을 언급했으니, 단어를 하나하나 따져보고 또 그 실질적인 구조도 가늠해봐야 하는 2년 전의 선언을 통해 무라야마 총리가 어떤 변화를 시작했다는 사실을 말하지 않을 수 없습니다. 일본이라는 국가를 직접적인 책임자로 지목하지 않고, 제국적 정체성의 영속성에 천황을 연루시키지 않으면서 총리는 고해 형식으로 진실을 말했습니다.[45] 그가 의미심장하게 천명한 것, "역사의 부인할 수 없는 사실들(제가 이 담화를 처음 읽은 언어인 영어로 번역된 문장을 인용하자면 "these irrefutable facts of history")과 "우리 역사에서 저질러진 실수error in our history"와 대면한 무라야마는 자기 이름(그의 이름은 한 개인의 이름 그 이상이었지만, 다른 한편으로 천황의 이름과 일본국의 이름을 거론하지 않고 그의 이름만)으로 "진실한 사과heartfelt apology"[46]를 했습니다. 그는 회한의 고통을 고백함으로써 개인적 애도를 표함과 동시에 어렴

---

45) 1995년 8월 15일 제2차 세계대전 종전 기념 담화에서 무라야마 토미치(村山富市, 1924~)총리는 전쟁 중 일본이 저지른 끔찍한 일을 사과했다.(N.d.É)

46) 일본 외무성 사이트의 영어 원문에서 이 대목에 해당하는 부분은 "깊은 회한과 진실한 사과(deep remorse and state my heartfelt apology)"인데 데리다는 "진실한 사과(heartfelt apology)"만을 인용했다. 옮긴이.

풋이, 아주 막연하게 민족적·국가적 애도를 표했습니다. 국가 수장도 아니고 자국민도 아닌 사람들의 죽음에 국가가 슬픔을 표현할 때, 국가의 애도라는 것은 과연 무엇을 의미할까요? 그렇다면 이후에 국가는 어떻게 용서를 구하거나 해명을 요구할 수 있을까요? 이것은 국제정치 인식에 어떤 변화를 가져올까요? 반인류 범죄, 새로운 소송과 진행, 전례 없던 새로운 법 개념의 정립이라는 면에서 국제법 변화의 어떤 부분에 연관될까요? 불과 50여 년 전만 해도 이런 개념으로는 제기될 수 없었던 아주 예민한 이 문제들을 살펴봅시다. 제가 읽은 대로 다시 한번 영어로 인용하겠습니다. "부인할 수 없는 역사의 사실을 겸허하게 받아들이고 여기서 다시 한번 통절한 후회의 뜻을 표하고 진심으로 사죄하는 마음을 전합니다."[47] 이어서 —이전의 다른 식민 제국들에 분명히 영감을 줘야 할— '식민주의적' 탄압을 언급하면서 총리는 이렇게 덧붙입니다. "또한 이 역사의 희생자가 된 국내외 모든 분께 깊은 애도를 표하고자 합니다."[48]

이 고백은 단지 진실로 보이고자 하는 데서 그치지 않고 마

---

[47] "I regard, in a spirit of humility, these irrefutable facts of history, and express here once again my feelings of deep remorse and state my heartfelt apology."

[48] "Allow me also to express my feelings of profound mourning for all victims, both at home and abroad, of that history."

치 약속처럼 진술되며, 과업을 완수할 책임을 선언하고 미래를 위해 약속합니다. "우리 과제는 역사의 과오를 반복하지 않도록 다음 세대에 전쟁의 참혹함을 전하는 데 있습니다."[49] 그 효과를 완화하고자 잘못의 언어와 고백의 언어는 이런 언어와 성격이 다른 실수의 언어와 결합합니다. 그리고 이런 사례는 역사상 처음일 듯한데, 국가와 민족 개념이 지금까지 언제나 이 개념의 구성적이고 구조적 특징이었던 것, 즉 선의, 양심과 과감하게 분리되고 있음을 볼 수 있습니다. 비록 이렇게 사건이 모호하고, 동기도 불순하고, 철저히 계산된 정세적 전략일지라도, 바로 여기에 인류 역사, 국제법 역사에서 인류의 과학과 의식의 진보가 있습니다. 아마도 칸트는 이 지점에서 완벽한 가능성, 인류의 진보 가능성을 가리키는 신호를 보았을 겁니다. 가령 프랑스 혁명처럼 실패와 한계를 통해 인류 진보의 경향과 그 가능성을 확인하면서 기억을 되살리고 논증하고 예고하는 신호[50]를 보았을 겁니다. 이 모두는 일본, 프랑스 혹은 독일에 여전히 불완전한 상태로 남아 있지만, 그래도 아예 아

---

49) "Our task is to convey to younger generations the horrors of war, so that we never repeat the errors in our history.

50) signum rememorativium, demonstravium, prognosticum

무엇도 하지 않은 것보다는 낫습니다. 이제 존재하지 않는 소비에트 연방이나 유고 연방은 양심의 가책과 과거 범죄에 관한 공적인 인정으로부터 유폐되어 있습니다. 하지만 미국 ― 그리고 프랑스― 앞에는 미래가 열려 있습니다. 우리는 이 문제를 다시 다루게 될 겁니다.

반세기 동안 프랑스 국가 수장 중 누구도 프랑스의 엄청난 죄를 진실로 구조화하는 일, 유죄를 진실로 인정하는 일이 가능하고 시의적절하고 필요하거나 정당하다고 판단하지 않았다는 사실은 생각해볼 문제, 동요하고 전율할 문제입니다. 이 사실이 의미하는 것은 진실의 가치, 이 경우에는 진실성과 실제 사실을 주제로 한 발화의 가치(왜냐면 진실은 실재성이 아니기 때문입니다), 무엇보다도 우리가 생각하고 참으로 여기는 것과 같은 발화의 가치는 다른 여러 가치(가능성, 시의성, 필요성, 정당성 혹은 정의)에 대한 정치적 해석에 달렸다는 걸까요? 진실 혹은 진실성이 이 같은 가치들에 원칙적으로 종속한다는 걸까요? 이것은 분명 고전적인 문제이지만, 몹시 어려운 문제여서 오늘날에는 이 문제에 관해 역사적·정치적 특징 및 기술 매체의 몇몇 특징을 생각해봐야 할 듯합니다.

앞서 언급한 대통령 중에서 시라크는 그의 모든 정치적 영감을 드골에게서 받았다고 했습니다. 그런데 사실 드골의 관점에서 '프랑스국'(게다가 이 이름은 비시 정부 시절 프랑스의 공식 명칭으로 공화국은 폐지됐고 '프랑스국'으로 개명됐죠)의 유죄성은 정당성 없는 국가 혹은 불법 국가의 유죄였습니다. 따라서 점령하 프랑스국의 유죄를 선언해야 한다고 생각하지 않았습니다. 또한 칸트가 말하는 성스러운 계율에 조건 없이 복종하기보다는 아마도 더 복잡한 여러 불확실한 명령과 정세적 이유로 나중에 시라크가 마침내 인정한 것을 당시에는 가능하고 시의적절하거나 필요하거나 정당하다고 판단하지 않았던 '뱅상 오리올'이라는 또 다른 대통령을 생각해봅시다. 그는 1940년 7월 10일 페탱 원수에게 모든 권력을 일임하는 의회 표결에 반대했던 불과 80명 의원 중 한 사람이었습니다. 따라서 그는 유감스럽게도 공화국의 단절, 유대인의 핍박과 학살에 책임 있는 프랑스국으로의 전환이 프랑스 정부의 합법적 행위였다는 사실을 잘 알고 있었습니다. 이처럼 단절의 불연속성 자체가 프랑스 공화국에서 프랑스국으로 이어지는 합법적 연속성에 포함돼 있었던 겁니다. 다시 말해 합법적으로 선출된 대표자들이 프랑스 공화국 고유의 지위를 박탈했습니다. 바로 이것이 적어도 형식적이자 사법적인 합법성의 진실입니다.

만약 이 사건의 자체적 진실이라는 것이 있다면, 과연 그것은 어디에 있을까요? 거짓말에 관해, 즉 진실을 안정화할 수 없는 지점에서 비-진실성에 관해 말할 수 있을까요? 여러 번에 걸쳐 임기가 만료될 때까지 프랑수아 미테랑 역시 프랑스국의 유죄를 공식적으로 인정하기를 거부했습니다. 미테랑은 프랑스 공화국의 역사를 중단시키면서 찬탈로 성립한 프랑스국에 명시적으로 책임을 전가했습니다. 여기서 정치적으로나 도덕적으로 해명해야 할 유일한 존재, 즉 프랑스 공화국은 그 당시에 입에 재갈이 물렸고, 저항운동을 불법으로 간주했습니다. 미테랑에 따르면 오늘날 프랑스 공화국은 '자백할' 것도 없었을 뿐 아니라 프랑스 공화국이 찬탈됐던 시기의 기억과 유죄성에 대해 책임질 것도 없었습니다. 프랑스는 그 자체로서 그리고 그 지속성으로 볼 때 프랑스의 이름으로 부당하게 자행된 반인류 범죄에 대해 스스로 고발할 것이 아무것도 없었습니다. 미테랑은 벨디브 대규모 검거를 반성하는 장엄한 기념식을 공식적으로 시작한 인물이었지만, 그는 여러 해에 걸쳐 —저도 서명했음을 인정하는— 공식 서신과 서명을 통해 많은 사람이 미테랑에게, 불과 얼마 뒤에 자크 시라크가 하게 될 그 일을 하라고 간곡히 요청했지만 거절했습니다.

이 문제에 관해 또 다른 전형적 입장을 살펴볼 수 있습니다. 미테랑 정부 시절 장관을 역임했던 매우 독자적인 사회주의자, 당시 건설 중이었던 유럽 공동체 모델에 대한 반대자로 주권과 국가의 명예에 관심을 쏟았고 걸프전 중에 국방부 장관직을 사임한 장 피에르 슈벤느망의 입장입니다. 그의 입장에서 보면, 한편으로 시라크는 프랑스국의 의심할 여지 없는 유죄를 온당히 인정했지만, 다른 한편으로 '진실성'의 결과들, 유죄를 인정하며 사용한 언어는 결과적으로 중대한 위험을 낳게 됩니다. 예를 들어, 반대 효과로 페탱주의를 합법화하고, 오늘날 '페탱, 그가 곧 프랑스다'라는 생각에 믿음을 실어주는 것이 필요한 세력을 고무할 수 있다는 위험 등입니다. 드골 장군도 바로 이런 관점에서 이 문제를 바라봤을 테고, 비록 덜 단호하기는 해도 그의 뒤를 이은 다른 대통령들의 관점도 이와 같았을 것입니다. 간단히 말해 이 관점에서 보면 진실과 진실성은 분명히 필요하지만, 그것을 아무 대가나 조건 없이 아무렇게나 구성해서는 안 됩니다. 모든 진실이 말해진다고 좋은 것도 아니고, 정언명령은 칸트가 원했던 만큼 성스럽고 무조건적이지도 않습니다. 여러 가언명령, 실질적 시의적절성, 가능한 결과, 발언의 시기와 방식, 수사, 처벌하거나 보상할 대상 등을 고려할 필요가 있습니다. 따라서 비시 정부의 합법성과 이 정부 앞에서 물러선 인민의 의지를 구분하고, 실질적인 책임 소재를 찾기 위해 슈벤느망은 훨씬 전으로, 최소한 5년 이상을 거슬러 올라가자고 제안했습니다. 엄밀한 의미에서 역사적 분석은 끝이 없을 테니 거짓과 진실성의 구분은 이런 무한 분석에서 그 구분의 날카로운 엄정성을 잃을 위험이 있습니다.

이렇게 해서 첫 질문 시리즈가 구성됩니다. 지금은 국가의 역사적 진실인 것을 공표하지 않고, 드골에서 미테랑까지 선대 대통령들이 거짓말했거나 진실을 은폐하려 했다고 말할 수 있을까요? 우리에게 그렇게 말할 권리가 있을까요? 그들 처지에서도 시라크가 '거짓말했다'며 고발할 수 있을까요? 그들은 서로 거짓말하는 걸까요? 누가 거짓말하고 누가 진실을 말하는 걸까요?[51] 이런 맥락에서 거짓말에 관해 말할 수 있을까요?

---

51) 한 가지 상기하자면, 이런 일련의 질문("그가 거짓말했는가?", "누가 거짓말하는가?")은 다른 역사적 질문, 유대인에 관한 지식과 관련된 역사적 질문과 우연이 아니라 닮아 보일 수 있습니다(저는 단지 '닮아 보인다'고 말합니다). 할레는 구원과 관련해 아무것도 준비하지 않는다고 공언하면서도 "나는 모두에게 맞추기 위해 무엇이든 했다.", 이방인의 아들 디모데(Timothée)의 할례를 포함해 나는 "그들을 모두 얻기 위해 모든 일을 했다."라고 말할 때 제기된 "바울은 거짓말을 했는가?"라는 질문입니다. 미셸 시나피(Michèle Sinapi)는 "바오로(폴)는 거짓말했는가?"라는 질문을 «Le mensonge officieux dans la correspondance Jérôme-Augustin(히에로니무스-아우구스티누스 서신에서 호의적 거짓말)»(Rue Descartes, n° 8/9, collège international de philosophie,

여기서 거짓말은 정당한 개념일까요? 그렇다면 그 범주는 무엇일까요? 이런 거짓말의 역사는 어떤 걸까요? 또 다른 질문이지만, 무엇보다도 이런 일련의 질문을 내포한 '거짓말 개념'의 역사는 어떤 걸까요? 여기에 거짓말이 있었다면, 이런저런 것을 거짓말로 규정하는 일이 정당했다면, 누가 이 일의 주체이고, 누가 그 대상이나 피해자일까요? 이 첫 번째 일련의 질문이 어떻게 구성됐는지 어떻게 형식화됐는지도 짚어봐야겠지만, 이 사례의 두 가지 특징을 강조해야 할 것 같습니다.

그 하나는 이런 진실/거짓의 실질적인 대립이나 거짓말의 본질에 역사적으로 고유한 새로운 요소가 실제로 있다는 점입니다. 이 새로운 요소는 제2차 세계대전 이전에는 존재하지 않았던 국제법 차원에서 국가의 어떤 행위를 진실이나 거짓으로 규정할 수 있는 대상에 관한 것입니다. 오늘날 이런 가정들은 반인류 범죄 개념처럼 혁신적인 사법 개념, 지금까지 인류가 전혀 알지 못했던 수행성에 바탕을 두고 있습니다. 이처럼 새로운 사법 개념은 지금까지 이런 행위를 ―게다가 이렇게 정의할 수도 없었던 행위를― 기록은 물론이고 판결도 하지도

Paris, Albin Michel, novembre 1993)에서 환기합니다.

않았던 국제 재판권, 국가 간 문서나 계약, 원칙적으로 보편적인 판결 기관과 법정을 주도하고 있습니다.

이 모든 것이 역사적이라면, 뉘른베르크 군사 법정의 여섯 번째 법령에서 이 사법 개념이 정의되기 전, 특히 프랑스에서 (제가 틀리지 않았다면) 이런 범죄의 시효가 1964년 12월 20일 법에 따라 공식적으로 폐지되기까지는 거짓말이나 자백, 반인류 범죄 같은 문제에 관한 진실성의 정언명령이 개인에게 그랬듯이 국가에도 아무 의미가 없었기 때문입니다. 그런데 뉘른베르크 법정의 역량에 대한 이의가 제기되는 곳이면 어디에서나 지금 우리가 분석하는 모든 법 제도가 타격을 받거나 무너졌습니다. 이런 쟁점들의 난해함과 중대성을 새삼 강조할 필요는 없을 겁니다.

두 번째 특징은 문제의 대상, 밝혀져야 할 관련 대상은 '그 자체로' 자연적 실재가 아니므로 실재는 해석뿐 아니라 또한 수행적 해석에 의존한다는 점입니다. 저는 여기서 수행적 (인간) 언어 행위, 이를 통해 국가의 수장이 유죄를 자백해 사건을 만들고, 그 전 수장들의 언어에 대한 재해석을 유도하는 수행적 언어 행위에 대해 말하려는 것이 아닙니다. 저는 무엇보다도 이런 선언의 대상 자체에서 생성되는 수행성을 강조하고 싶습니다. 이를테면 주권 국가의 정당성 확보, 국경 설정, 책임에 대한 동일시나 확인은 수행적 행위입니다. 수행적 발화가 성공하면 때로 힘이 영구히 부여되는 진실이 만들어집니다. 국제 공동체의 여러 조건이 허용한다면, 국경의 위치, 국가의 성립은 법이 없거나 없어진 곳에서, 혹은 권리 법이 제대로 작동하지 않았거나 미력했던 곳에서 지속되든 아니든 법을 제정하는 것은 수행적 폭력입니다. 항상 그렇습니다. 법이 제정되면 합법도 불법도 아니었던 수행적 폭력은 곧 법적 진실로 확인되고, 지배적이고 사법적으로 이론의 여지가 없는 공식적인 진실을 생산합니다. 예전 유고 연방, 다른 여러 영토에서 분리됐거나 다른 영토를 차지한 유고 연방의 영토에서, 체첸 공화국, 이스라엘, 자이르 공화국에서 오늘날 국경에 관한 진실은 어디에 있습니까? 이 영역에서 누가 진실을 말하고 누가 거짓을 말합니까? 성 아우구스티누스가 말했듯이 이런 수행 영역은 최선에서나 최악에서나 모두 '진실을 생산합니다'. 따라서 수행 영역은 진실이든 거짓이든 부인할 수 없는 수행성의 역사성을 암시합니다. 그런데 제가 보기에 칸트도 아렌트도 이런 수행적인 힘을 사유 주제로 삼지 않았습니다. 칸트와 아렌트가 서로 생각이 다르고 서로 대립하는 주제가 있음을 인정하더라도 저는 이 둘이 이런 현상의 징후적인, 혹은 무의식적인 영역을 무시한 것처럼, 이 같은 인식의 부재 혹은 적어도 불충분한 설명이 이들의 공통점이라는 점을 보여주고자 합니다. 적어도, 무의식의 논리와 수행이론의 결합 없이는 이 문제에 접근할 수 없습니다. 정신분석이나 언어 행위 이론에 관한 현재 담론 수준, 담론의 지배적 형태나 구상의 현재 상태가 이런 결합에 충분하다는 의미가 아닙니다. 이 둘의 접합 혹은 이 둘과 정치 관련 담론이나 지식 체계와텔레-테크놀로지 권력 체계에 관한 담론의 결합이 준비됐다는의미는 더더욱 아닙니다. 여기서 우리 시대의 이런 현상들을 가늠해볼 수 있는 분석 조건과 과제를 정해봅시다.

역사 다시 쓰기, 거짓말, 왜곡, 부정과 부인 등 이 모든 문제는 제가 특별히 강조할 필요가 없다고 판단할 만큼 쉽게 인정할수 있는 쟁점입니다. 저는 단지 '국가의 진실'이라는 새로운 주제에 직결된 문제, 수정주의와 부인否認주의의 광적인 형태들을 환기하려고 합니다. 이들은 끊임없이 다중화합니다. 이런형태들은 그들이 공모하면서도 모독하는 역사의 폐허에서조차 다시 태어납니다. 어떻게 이들과 싸울까요? 어떻게 이 형태들을 논박하고, 거부하고, 이 형태들이 부인과 부정을 향한 끈질긴 집착이라는 사실을 어떻게 자인自認하도록 할까요? 증언과 증거가 불가피하게 서로 이질적이라면 어떻게 증언하면서 증명할 수 있을까요? 가장 정당하고 비판적이고 신뢰할 만한 최고의 대응 방법은 무엇일까요? 법으로 국가적 진실을 형성함으로써 이 같은 도착倒錯에 대항할 수 있을까요? 아니면, 오히려 끊임없이, 필요할 때마다 담론과 증거와 증언의 환기, 기억 작업과 훈련, 자료의 타협 없는 논증을 통해 대항할 수 있을까요? 아마도 늘 다시 시작해야 하는 끝없는 과제겠지만, 바로 이런 것을 통해 그것이 무엇이든 과제를 알아보게 되지 않을까요? 국가의 법이나 이성도 이 과제와 겨룰 수 없을 겁니다. 그렇다고 국가가 이 문제와 관련해 모든 권리를 포기해야 한다는 뜻은 아닙니다. 다만, 국가가 진실의 대의에 해를 끼치지는 않는지 살펴야 합니다. 오직 국가에만 맡겨지면 진실의 대의는 독단주의나 정통주의로 변질할 위험이 있습니다.

II

텔레-테크노-미디어의 현대성은 집중됐든 분산됐든 거대한 확장과 신속한 동시에 불규칙한 리듬의 지배를 받으므로 이런 수행적 힘의 결과를 가늠하기 어렵습니다. 그 결과들은 동시적으로 혹은 점차적으로 충격적이거나, 중대하거나, 무한하거나, 표면적이거나, 가볍거나, 보잘것없거나, 덧없을 수 있습니다. 동일한 국가 고백 역사의 한 다른 국면에서 분명 사소한 예를 하나 들어봅시다. 공화국 공간에서 벌어지는 모든 정치적 거짓과 조작의 분석에서 공적 발언이나 자료의 축적과 생산, 보관의 장으로서 미디어는 결정적인 위치를 차지합니다. 따라서 『뉴욕 타임스』가 시라크의 선언을 보도하는 데 주의를 기울였다는 사실에 주목하는 것은 소용없는 일이 아닙니다. 『뉴욕 타임스』는 진실과 능력에 관한 관심에서 ―그랬다고 가정합시다― 한 교수에게 기사 작성을 의뢰했습니다. 우리 문화에서 능력 개념은 대학이나 대학교수와 직결됩니다. 사람들은 교수들이 진실을 알고 있고 진실을 말하며 거짓말하지 않는다고 어림짐작합니다. 그처럼 사람들이 뭔가를 잘 알고 있다고 믿은 그 교수는 뉴욕의 어느 대학에서 강의하고 있습니다. 게다가 그는 철학, 이데올로기, 정치와 문학의 교차점에서 현대 프랑스에서 벌어지는 사건들에 정통한 전문가로 통합니다. 『뉴욕 타임스』는 그가 『불완전한 과거: 프랑스 지식인들 1944-1956(*Past Imperfect: French Intellectuals, 1944-1956*)』의 저자임을 상기시킵니다. 1995년 7월 19일 자『뉴욕 타임스』는 '프랑스 전쟁 이야기'[52]라는 제목으로 뉴욕 대학 교수 토니 주트의 글을 게재했습니다. 그는 시라크의 행동에 동조하고 결론을 ―"시라크가 프랑스의 과거에 대해 진실을 말한 것은 잘한 일이다"[53]― 내리기 전, 프랑스 지식인들의 부끄러운 태도를 고발합니다. 그에 따르면, 반세기 동안 프랑스 지식인들은 이 진실에 대해 거의 관심이 없었습니다. 그의 표현을 인용하면, 사르트르와 푸코는 "기이하게도 침묵curiously silent"했습니다. 주트 교수는 이 침묵을 이들의 마르크스주의에 대한

---

52) French war stories: 영어에서 이야기(story)와 역사(history)가 구별된다면, 불어에서는 이런 구별이 없다. 몇몇 역사학자는 이 둘을 역사(histoire)와 이야기(récit)로 구분하기도 한다. 옮긴이.

53) "It is well that Mr. Chirac has told the truth about the French past."

공감 탓으로 돌립니다. 그의 설명은 다소 민망한데, 푸코의 경우에 더 그렇습니다. 가장 오래됐고 잘 알려진 푸코의 '정치 참여'는 적어도 마르크스주의를 제외한 모든 것이거나 명시적으로 반-마르크스주의적이었다는 사실이 잘 알려졌기 때문입니다. 저는 그가 서론에 쓴 내용을 여전히 규정하기 어려운 오류의 사례들을 폭넓게 살펴볼 목적으로 인용하려 합니다. 우리는 항상 여러 가지 가능성 사이에서 망설일 것입니다. 그렇다면 이것은 정확히 무엇에 관한 것일까요? 무능함 혹은 명석함이나 분석적 엄격성의 결여일까요? 아니면 순진한 무지나 우발적 실수? 거짓말과 무의식 사이에 있는 간사한 마음일까요? 혹은 루소가 분류한 세 가지, '사기, 기만, 중상'에 관한 걸까요? 루소는 같은 책에서 '위조 화폐'에 관해서도 말합니다. 우리는 강박이나 무의식의 논리에 관해서, 명백히 잘못된 (혹은 잘못한) 증언, 위증, 거짓말에 관해 말하게 될까요? 이렇게 분류된 사항들은 분명히 서로 환원 불가능합니다만, 매우 빈번한 상황이나 '실제로', '정말로' 이런 구분이 서로 중첩돼 엄격하게 구분할 수 없는 상황은 과연 어떻게 생각해야 할까요? 이런 현상이 수많은 공적 담론의 공간 자체를 (특히 미디어에서) 자주 점령한다면? 자 그럼, 주트 교수가 보기에 유죄인 사르트르와 푸코의 침묵을 설명하는 그의 말을 들어봅시다.

전후 프랑스에서 저명한 지식인들이 사회 문제화해주기를
기대할 수도 있었을 것이다. 그런데 장 폴 사르트르와 미셸
푸코 같은 사람들은 기이하게도 침묵을 지켰다. 이 침묵의
이유 중 하나는 그들의 거의 강박적인 공산주의를 꼽을 수
있다. '참여'의 필요성과 입장을 정할 필요성을 부르짖으면
서도 지식인들의 두 세대는 마르크스주의 대의를 진전시킬
수 없거나 어떤 경우 오히려 퇴보시킬 윤리적 문제들을 교묘
히 피해왔다.[54]

이런 진술들은 ─특히 푸코와 관련된 부분에서─ "마르크
스주의의 대의"를 문제 삼을 때 그저 우습고, 약간 혼란스럽고,
두루뭉술해 보일 수 있습니다. 그러나 주트 교수는 여기에서

---

54) 원본에서는 영어로 인용되어 있고 편집자 주에서 불어로 해석되어 있다. 해당 부분
의 영어 원문은 다음과 같다. "intellectuals, so prominent in post-war France, might have
been expected to force the issue. Yet people like Jean-Paul Sartre and Michel Foucault
were curiously silent. One reason was their near-obsession with Communism. While
proclaiming the need to « engage », to take a stand, two generations of intellectuals
avoided any ethical issue that could not advance or, in some cases, retard the Marxist
cause." 옮긴이.

멈추지 않습니다. 이 교수-신문기자는 '지식인의 수치Shame of the Intellectual'라는 부제로 (우리가 신문에 글을 기고할 때 불행하게도 자주 그래야 하듯이, 주트 교수도 부제에 관해 신문과 최소한 책임을 나눠 져야 합니다) 사르트르 '다음에' 등장한 지식인들의 수치, 비시 프랑스의 유죄와 '반인류 범죄'와 관련해 지식인들이 보여준 죄스러운 침묵을 고발합니다.

아무도 이전에 에밀 졸라가 드레퓌스 사건에서 그랬던 것처럼 고위 공무원들에게 "나는 고발한다."라고 외치기 위해 나서지 않았다. 시몬 드 보부아르, 롤랑 바르트, 그리고 자크 데리다가 공적 공간에 등장할 때는 대체로 먼 곳—마다가스카르, 베트남, 콩고에서 벌어진 위기 때문이었다. 심지어 오늘날에도 참여 작가들은 보스니아 사태에 행동할 것을 호소하면서도 프랑스 과거에 관한 토론에는 매우 드물게 참여할 뿐이다.[55]

---

55) 원본은 영어로 인용됐고, 편집자 주에서 불어로 해석됐다. 해당 영어 원문은 다음과 같다. "No one stood up to cry « J'accuse!» at high functionaries, as Emile Zola did during the Dreyfus affair. When Simone de Beauvoir, Roland Barthes and Jacques Derrida entered the public arena, it usually involved a crisis far away - in Madagascar, Vietnam or Cambodia. Even today, politically engaged writers call for action in Bosnia but intervene sporadically in

저는 이런 고발의 진실을 부분적으로 받아들일 준비가 돼 있습니다만, 본질적으로는 이 고발이 제게 의분을 일으킨다고 말해야겠습니다. 저를 믿어주시기 바라면서 말씀드리자면, 이것은 결코 이 고발이 개인적으로 저와 관련 있거나, 제가 다른 사람들과 함께 중상의 대상이 됐기 때문이 아닙니다('뉴욕'이라는 이름이 들어 있는 신문들이 아무 말이나 하거나, 전형적인 방법으로 몇 달 동안이나 시리즈 기획물에서 저에 대해 거짓말한 것은 처음 있는 일이 아닙니다). 따라서 제가 불어로 '반-진실contre-vérité'이라고 부르는 것에 특별히 충격을 받았다면, 그것은 이런 이유 때문도 아니고, 다른 사람들처럼 주트 씨가 '프랑스의 과거'라고 부르는 것을 염려하기 때문도 아닙니다. 무엇보다도 저는 다른 사람들과 함께 한 번 이상 공개적으로 이 문제 외에 다른 문제들을(예를 들어 알제리 문제를) 거론했고, 그들과 함께 시라크가 마침내 인정한 것을 인정하라고 미테랑 대통령에게 보내는 공개서한에 서명한 기억이 있기 때문입니다. 『뉴욕 타임스』를 읽으면서 아, 슬프게도 너무나 자주 그러듯이 저는 미리 낙심해서 학계 전문가의 가정된 권위와 대량으로 그

---

debates about the French past." 옮긴이.

리고 국제적으로(사흘 뒤에 같은 기사가 『인터내셔널 헤럴드 트리뷴』에도 게재됐으므로 미국적이자 유럽적입니다) 배포되는 신문의 권위, 이 두 결합된 힘으로 이미 진실이 되어버린 이런 반-진실을 바로잡기 위한 대응을 포기했습니다. 그런데 다행스럽게도 나흘 후 같은 신문에서 이 반-진실이 규탄됐습니다. 제가 아는 분은 아니지만, 그의 역량과 정직함에 경의를 표하고 싶은 다른 미국인 교수인 케빈 앤더슨, 덜 유명한 대학의 더 낮은 등급 교수가(그는 노던 일리노이 대학 조교수입니다)가 "프랑스 지식인들은 진실을 말하기 원했다"[56]라는 부제로 보낸 편지, 「편집자에게」를 『뉴욕 타임스』는 결국 게재할 수밖에 없었습니다. 늘 그러듯이 이런 편지는 지면에서 별로 눈에 띄지 않거나 심지어 찾을 수 없는 자리에 게재되고, '말 그대로' 머리기사의 반대-진실의 효력은 수많은 독자에게, 특히 케빈 앤더슨의 편지를 읽지 못했을 것이 분명한 『인터내셔널 헤럴드 트리뷴』 유럽 독자들의 기억에 지워지지 않은 상태로 남게 됩니다. 케빈 앤더슨 교수는 주트 교수의 전반적인 정치적 분석에서 하나 이상의 논점을 비판하고 특별히 다음과 같은 점을 강

---

56) "to the editor", "French Intellectuals Wanted Truth Told"

조합니다.

1992년 6월 15일, 데리다, 레지 드브레, 코르넬리우스 카스토리아디스, 라쿠튀르, 나탈리 샤로트 등 좌파 지식인들이 서명한 탄원서에는 점령하 프랑스 정부가 1942년 '점령자 독일의 강요 없이 프랑스 정부 고유 권위로 행동했다'는 점이 강조됐다. 이 탄원서는 '비시의 프랑스국은 프랑스의 유대인들에 대한 범죄와 핍박에 책임이 있다'는 사실을 공식적으로 인정하도록 미테랑을 설득하고 있다.[57]

제가 알기로, 비록 제가 사실 전부를 알지 못하고 게다가 아직 많이 늦지는 않았지만, 주트 교수는 자신이 진실을 말하지 않았다는 사실을 공적으로 인정하지 않았습니다. 여러분도 이미 알아차리 셨겠지만, 주트 교수의 기사에서 불어로 '반-

---

57) 원본에서는 영어로 인용되어 있고 편집자 주에서 불어로 해석되어 있다. 해당 부분의 영어 원문은 다음과 같다. "On June 15, 1992, a petition signed by more than 200 mainly leftist intellectuals, including Mr Derrida, Régis Debray, Cornelius Castoriadis, Mr Lacouture and Nathalie Sarraute, noted that the French occupation government in 1942 acted «on its own authority, and without being asked to do so by the German occupier». It called on Mr Mitterrand to «recognize and proclaim that the French state of Vichy was responsible for persecution and crimes against the Jews of France»"(N. d.É).

진실'이라고 부르는 것에 관해 말하면서 저는 이 분이 거짓말 했다고 말하지 않았습니다. 틀린 것을 모두 거짓말로 규정할 수 없습니다. 거짓말은 실수가 아닙니다. 플라톤과 성 아우구 스티누스는 일찍이 이 점을 강조했습니다. 거짓말에 몇 가지 확고한 특징이 있다면, 실수, 무지, 편견, 추론의 오류, 심지어 지식 영역에서의 결점, 또한 —여기서 이 문제가 더 복잡해지 겠지만— 행동이나 수법, 실천과 기술 영역에서의 결함과 엄

다른 한편으로, 한 신문사에 본사의 자료들이 일관되어야 한다고 요구할 수 있을까 요? 토니 쥬트의 반-진실은 3년 전 1992년 6월 22일, 『뉴욕 타임스』의 파리 특파원 앨 런 리딩(Alan Riding)이 서명한 기사로 앞서서 이미 반증됐습니다. "프랑수아 미테랑 에 대한 호소문의 서명자들은 —비시 정부는 "그들이 유대인이라는 유일무이한 이유 로" 유대인에 대한 범죄를 저질렀다는 점을 들어— 대통령에게 비시 정부의 본질에 대 해 선언하라고 요구한다. [...] 서명한 사람들은 —그들 중에는 작곡가 피에르 불레즈 (Pierre Boulez), 철학자 데리다, 배우 미셸 피콜리(Michel Piccoli), 작가 레지스 드브 레(Régis Debray) 등이 있는데— 미테랑에게 프랑스의 이름으로 사과를 요청한다기보 다는 "비시 정부하 프랑스 국가"가 이 같은 범죄를 저질렀다는 사실을 공식적으로 인 정하라고 요구한다. 호소문은 "이런 상징적 제스처는 희생자들과 희생된 자들의 후손 을 추모하기 위해 요구됐다."라면서 "또한 이것은 이 같은 부인(否認)으로 충격받은 프 랑스의 집단 기억에 의해 강력히 요구된다."라고 말한다.("Paris Asked to Admit Vichy's Crimes against Jews»: «The signers of the appeal to Mr. Mitterrand, however, are asking the President to make a statement about the nature of the Vichy Government - saying it committed crimes against Jews "For the sole and only reason that they were Jews". [...] The signers - who included the composer Pierre Boulez, the philosopher Jacques Derrida, the actor Michel Piccoli and the writer Régis Debray - do not ask Mr. Mitterrand to apologize in the name of France, but rather to proclaim officially that "The French state of Vichy" carried out theses crimes. "This symbolic act is demanded by the memory of the victims and their descendants", the appeal said. "It is also demanded by the French collective memory which is disturbed by this denial"). " (N.d.É)

격하게 구분할 수 있을 겁니다. 거짓말이 지식 부족, 서투름, 실수가 아니라면, 그리고 거짓말이 도덕적 이성의 영역과 실천적 순수 이성의 영역에서 나쁜 의도나 나쁜 마음을 전제한다면, 거짓말이 지식이 아니라 믿음에 호소한다면, 거짓말의 역사에 대한 구상은 니체의 『우상의 황혼 *Götzen-Dämmerung*』과 더불어 우리가 '실수의 역사 Geschichte eines Irrtums'라고 부르는 것과는 달라야 할 겁니다.

아마도 규모, 정도에 관한 감각을 잃지 말아야 할 것 같습니다. 그러나 어느 국제적 언론이 발휘하는 자본-기술-미디어의 힘이 제가 방금 들었던 최근 사례처럼 사안에 관련된 평범한 사람들의 개인 차원을 넘어 인류 역사의 가장 중대한 사안들에 대해 지속적이고 지워지지 않는 진실의 효과나 반-진실의 국제적 효과를 생산할 수 있을 때, 어떻게 그 정도를 예상할 수 있을까요? 따라서 제가 지금 이야기한 역사의 그 모든 정도와 비율을 고려하면, 이 역사는 실수의 역사도 거짓말의 역사도 아닐 겁니다. 엄밀하고 고전적인 의미에 이 개념을 비춰볼 때 거짓말하려면 진실을 알아야 하고, 이 진실을 의도적으로 훼손해야 합니다. 따라서 자신이 자신에게 거짓말해서는 안 됩니다.

옳든 그르든 간에 주트 교수에게 분명한 변별적 인식이 있었다면, 그가 고발한 지식인들이 미테랑에게 쓴 편지에 서명했다는 사실을 실제로 인식했다면, 그런 글을 쓰지는 않았으리라고 확신합니다. 저는 그가 거짓말하지 않았다고, 그를 신뢰하는 것이 합리적이라고 믿습니다. 그는 분명히 고의로 독자를 속이거나 신뢰와 믿음을 기만하려고 하지 않았습니다. 그렇다면 순진한 실수였거나 단순한 정보 부족이었을까요? 그런 것 같지도 않습니다. 주트 교수가 이 문제에 관해 충분히 알아보려고 하지 않았거나 혹은 양심 있는 역사학자나 기자가 뭔가를 말하기 전에 미리 알아둬야 하는 것들을 찾아보지 않았다면, 이것은 주트 교수가 어떤 결론에 이르기 위해, 즉 프랑스 지식인들과 정치에 대한 (우리가 얼마 전부터 그의 글들을 통해 알 수 있고, 저 혼자만 조금 단순하다고 생각하는 것은 아닌) 그의 일반적인 논조에 맞춰 '진실의 어떤 효과'를 생산해내기 위해 모든 대가를 치르면서까지 서둘렀다는 뜻이 됩니다. 만일 이것이 이 강연의 주제였거나 논의할 시간이 충분하다면, 이 문제를 더 분명하게 규명할 수 있을 겁니다. 단지 제가 여기서 강조하려는 것은 반-진실이 거짓말이나 무지나 실수도 아니고, 아렌트가 말하듯이 자기에게 하는 거짓말과도 별로 상관이 없다는 사실입니다. 반-진실은 다른 영역에 속해서 플라톤, 성 아우구스티누스, 루소, 칸트, 더 나아가 아렌트에 이르기까지 이들을 구별하는 모든 차이점에도 불구하고 이들이 우리에게 공통으로 물려준 거짓말의 전통적 사유의 어떤 범주로도 환원될 수 없습니다.

그래서 제가 여러분과 토론하고 싶은 저의 가정假定은 이런 겁니다. 현대적 거짓말의 특징을 절대적 거짓말에서 찾으려 했던 아렌트는 우리가 자신에게 하는 거짓말 개념, 자기기만의 개념이 본질적으로 필요했습니다. 이 개념은 엄격하게 말해 우리가 고전적으로 '거짓말'이라고 부르는 것으로 환원되지 않습니다. 그런데 제가 너무 쉽게 '거짓말 개념의 고전적 엄격함'이라고 부른 것에도 역사가 있습니다. 우리는 이 역사의 계승자이고, 어쨌든 이 역사는 우리 문화와 언어에서 지배적인 위치를 차지합니다. 자신에게 한 거짓말은 일상적 의미에서도 사르트르가 부여한 의미에서도 '나쁜 마음'이 아닙니다. 따라서 다른 이름, 다른 논리, 다른 단어, 미디어적 테크노-수행성과 무의식의 증후학에 연계된 판타즈마(phantasma, 환영)의 논리에 관한 동시적 고려가 필요합니다. 한나 아렌트의 저작은 이런 동시적 고려를 인지한 듯하지만, 제가 보기에는 이

것을 문제로 다루지 않습니다. 자신에게 한 거짓말 개념이 현대적 거짓말에 대한 아렌트의 분석에서 결정적인 역할을 한다는 사실을 「진실과 정치」 곳곳에서 확인할 수 있습니다. 아렌트는 다른 세기의 일화나 담론에서 자신에게 한 거짓말을 설명할 방도를 찾았을 겁니다. 그녀는 우리가 자신에게 거짓말하지 않고는 다른 사람들에게 거짓말하기 어렵다는 사실을 이미 오래전부터 알고 있었다고 말합니다. 그리고 "거짓말쟁이가 거짓말에 성공할수록, 그는 자신의 고유한 발명, 즉 거짓말의 희생자가 되는 것이 더욱 분명해 보인다."[58]라고 말합니다.

그러나 아렌트는 이 가능성을 무엇보다도 현대성에 부여하고 민주주의 자체에 관해 상당히 역설적인 결론을 끌어냅니다. 즉 이 이상적인 체제는 동시에 기만이 본질적으로 '자기기만'이 되게 하는 체제인 것 같습니다. 그래서 아렌트는 '보수주의자들의 대중 민주주의에 대한 비판'의 논거가 갖춘 '부정할 수 없는 힘'을 인정합니다.

정치적으로 중요한 사실은 자기기만의 현대 기술이 국가나

---

58) Hannah Arendt, «Vérité et politique», *La Crise de la culture*, op., cit., p 323.

집단 사이 갈등을 내부 정치의 장으로 환원하는 방식으로 외부 문제를 내부 문제로 전환할 수 있다는 것이다. 냉전기에 양쪽에서 자행된 자기기만은 너무 많아서 모두 나열할 수 없지만, 이런 자기기만이 특별한 사례 중 하나임은 분명하다. 대중 민주주의에 대한 보수주의자들의 비판은 이런 형태의 정부가 국제 문제에 일으킬 위험을 —그러나 군주제나 과두제의 특별한 위험은 거론하지 않은 채— 빈번히 강조했다. 이들의 논거가 갖춘 힘은 전적으로 민주적인 조건들에서 '자기기만 없는 기만deception whithout self-deception'은 거의 불가능하다는 부정할 수 없는 사실에 근거를 두고 있다.[59]

"전적으로 민주적인 조건들"에서 우리가 이해할 수 있는 것에 대한 —매우 중요하지만 여기서 다루기는 어려운— 질문은 보류하겠습니다.

59) *ibid.*, p. 326.

III

아렌트가 읽었거나 그 존재를 알고 있었는지는 모르겠으나 그녀가 뉴욕에서 발표한 논의들은 오래전 1943년 고등연구 자유학교에서 발행한 잡지 『르네상스Renaissaance』에 실린 알렉상드르 코이레의 글「거짓말에 대한 사유Réflexions sur le mensonge」와 직접적인 관련이 있다는 사실을 밝혀야 합니다. 1945년 6월『현대 유대 기록Contemporary Jewish Record』에 '현대적 거짓말의 정치적 기능The Political Function of the Modern Lie'이라는 제목으로 다시 게재된 이 놀라운 에세이는 국제철학학교에서 발행하는 잡지 『데카르트 거리Rue Descartes』덕분에 1993년[60] 프랑스로 돌아옵니다. 이 글은 다음과 같이 시작합니다. "오늘날처럼 거짓말한 적은 없었다. 이처럼 파렴치하게 자동으로 계속해서 거짓말한 적도 없었다."

---

60) Alexsandre Koyré, «La fonction politique du mensonge moderne», Rue Descartes, n°8/9, op. cit., p.179-192; rééd. sous son titre original, *Réflexions sur le mensonge*, Paris, Allia, 1996.

아렌트의 모든 주제, 특히 '자신에게 한 거짓말'("인간이 항상 거짓말했다는 데에는 이론의 여지가 없다. 자신에게 거짓말했다. 그리고 타인에게도.")과 '현대적 거짓말'은 이미 이 글에서 찾아볼 수 있습니다.

현대적 거짓말, 더 좁게는 현대 정치적 거짓말에 관해 몇 가지를 사유해보려 한다. [...] 아무것도 작동하지 않는 여기 이 분야에서 지금 이 시기, 혹은 조금 더 정확하게는 전체주의 체제에서 거짓말이 강력하게 혁신됐다는 사실을 확신한다. [...] 현대인은 ─여기서도 마찬가지로 우리는 전체주의적 인간을 생각한다─ 거짓말에서 헤엄치고, 거짓말을 들이마시고, 삶의 매 순간 거짓말에 종속돼 있다.

우리가 지금 살펴볼 시간이 없는 수많은 흥미로운 질문 중에 아렌트와 달리 코이레가 의문을 품었던 문제가 있습니다. 즉 우리가 여기서 '거짓말'에 대해 여전히 '말할 권리'가 있느냐는 겁니다. 아마도 지나치게 도식적이겠지만, 간략하게나마 이 질문에 대답하는 코이레의 전략에서 철학적 어려움뿐 아니라 윤리적·사법적·정치적 난점과 쟁점에 주목해보고 싶습니다. 거짓말의 역사와 거짓말 개념의 계보학을 쓰려고 할 때 그의 대답으로 무엇을 할 수 있을까요? 다른 한편으로 이 성스러운 진실성으로, 그리고 언제나 윤리를 믿는 마음과 그보다 더 자주 수도자와 연결되는 이 예외, 성(자) 혹은 무결한 신성 Heiligkeit으로 무엇을 할 수 있을까요?

저는 무엇보다도 필요성, 그리고 그 힘과 관련해서 경의를 표하고 싶은 코이레의 전략에 어떤 한계와 가능성이 있는지 알아보고 싶습니다.

우선 '한계'입니다. 코이레는 실제로 '거짓말'이라는 말을 사용할 권리에 대한 '모든' 질문을 의심하는 듯합니다. 그는 적어도 이런 질문 자체가 이미 전체주의적 변질의 유혹이라고 암시합니다. 그가 틀리지는 않았습니다. 다시 말해 온전히 틀리지는 않았습니다. 사실상 이런 위험이 있고 이 위험은 간과할 수 없습니다. 다만 이 위험을 다르게 다뤄야 하지 않을지 생각해봅시다. 상대주의 관점이 아니라, 매번 유일무이하고 새로운 역사적 상황을 고려하면서, 특히 이런 상황 분석에 코이레, 아렌트, 그리고 이들보다 앞서 칸트, 아우구스티누스, 플라톤이 —우리가 이미 언급했듯이 이 거짓말 개념의 필연적이고 중대한 '노골성'에 연관된 본질적인 이유로— 구조적으로 제외한 것처럼 보이는 개념들을 도입하면서 이 위험을 다르게 다뤄야 하지 않을지 생각해봅시다.

먼저, 코이레는 '거짓'의 개념이 '참'의 개념을 전제하는 것과 마찬가지로, '거짓말'의 개념은 그 반대 혹은 부정인 '진실성'의 개념을 전제한다는 사실을 환기합니다. 타당하고 뛰어난 식견입니다. 상호성은 피할 수 없는 것으로 남아 있음을 잊지 맙시다. 따라서 그는 우리가 절대 잊지 말아야 할, 특히 정치에서 잊지 말아야 할 타당하고 심각한 경고를 추가합니다. 그러나 이런 경고 때문에 거짓말 개념, 그러므로 진실성의 해체적 계보학의 길에서 멈춰서도 안 됩니다. 기억과 명석한 비판뿐 아니라 현재와 미래에 우리가 져야 할 책임을 위해 해체적 계보학은 매우 중요합니다. 그러나 동시에 이런 해체적 계보학이 분석하는 대상의 신뢰를 무너뜨리거나 파괴하는 수준에서 끝나지 않게 하려면 어떻게 해야 할까요? 진실성과 거짓성의 대립을 불신하게 하지 않고, 규정할 대상으로 남아야 할 개념의 '노골적 분명함'을 위태롭게 하지 않고, 코이레와 아렌트가 이에 대해 주의를 환기하는 것, 즉 모든 변질의 위험에 굴복하지 않고, 어떻게 이 진실성과 거짓성의 대립을 해체하는 역사를 계속할 수 있을까요?

자, 그럼 여기서 코이레의 경고를 들어봅시다. 이 글은 1943 년에 쓰였습니다. 그 즈음 벌어졌던 것과 그 후에 벌어진 것, 그리고 오늘날 과거 어느 때보다도 강력하게 전개되는 그것에 주목하려면 1943년이라는 시점을 잊지 말아야 합니다. 코이레가 당시에 전체주의 행태(우리에게는 이미 과거사입니다)로 규정한 것은 자본주의-테크노-미디어 헤게모니 시대인 오늘날 발생하는 소위 민주적 행위들까지 폭 넓게 적용될 수 있을 겁니다.

그런데 전체주의 체제의 공식 철학은 객관적 진실의 구상, 즉 모두를 위한 하나의 진실은 아무 의미 없다고 만장일치로 부르짖는다. 그리고 '그 진리'의 근거는 그것의 보편적 가치가 아니라 [조금 뒤에 코이레는 『나의 투쟁 *Mein Kampf*』에 거짓말 이론이 있고, 독자들은 이 책이 그 문제에 관해 말하고 있음을 이해하지 못했다는 사실을 지적합니다. 『나의 투쟁』은 단지 거짓말의 실행뿐 아니라, 거짓말의 명백한 이론화, 특히 히틀러가 "거대한 거짓말"이라고 부른 것을 살펴볼 때 과거 어느 때보다도 오늘날 연구할 만한 가치가 있습니다][61] 인종, 민족 혹은 계급 정신

61) [ ] 안의 내용은 데리다. 『나의 투쟁』은 1925년 출간한 히틀러의 자서전. 옮긴이.

에 대한 이 진리의 부합성, 인종적, 민족적 혹은 사회적 유용성이라고 주장한다. 진리의 생물학주의적, 실용주의적, 행동주의적 이론을 극단까지 확대하고 밀어붙이면서, 그리고 이처럼 우리가 너무도 잘 명명한 '현자들의 배신'을 잘 이용하면서, 전체주의 체제의 공식 철학은 생각의 고유한 가치를 부인한다. ─그들에게 생각이란 가치가 아니라 무기다. 전체주의 체제의 공식 철학에 따르면, 사유의 목적, 사유의 기능은 실재, 다시 말해 실제로 그러한 것을 우리에게 밝혀주는 것이 아니라, 그렇지 않은 것, 즉 실재가 아닌 것으로 우리를 이끌면서 우리가 실재를 조작하고 변화시키도록 돕는 것이다. 그런데 우리가 이미 오래전부터 알고 있듯이 이를 위해서는 과학보다 신화가, 지성에 호소하는 논증보다 열성에 호소하는 수사학이 더 자주 동원된다.[62]

모든 곡해를 피하기 위해 저는 코이레가 여기서 말하는 것이 제게 참되고, 정당하고, 필요해 보인다는 점을 거듭 강조합니다. 먼저, 이 글에 동의해야 합니다. 코이레가 고발하는 위험

---

62) Koyré, *op. cit.*, p. 180-181.

을 항상 경각심을 품고 주시해야 합니다. 그러나 여러분도 이해하셨듯이 코이레가 생물학주의와 전체주의 공식 철학을 넘어 비판하는 것은 그가 진리의 '실용주의'나 '행동주의'라고 부르는 해석을 통해 사실상 많은 것을 포괄할 수 있습니다. 이런 의심은 하나 이상의 측면에서, 즉 객관성으로서 혹은 진실이나 진술적 발화의 주제로서, 나아가 합일로서 진리의 규정과 수행적 진술의 정해진 한계를 넘어서는 모든 것에 이를 수 있습니다. 다시 말해 이 같은 의심은 확증의 중립적 객관성으로서 혹은 또 다른 것이지만 합일로서, 혹은 더 나아가 현현으로서aletheia 진리의 권위에 범위를 정하고, 질문하고, 나아가 (하물며 더 강력한 이유로) 해체하려는 모든 문제 제기에 이를 수 있습니다. 이 같은 의심은 예를 들어공적·정치적 혹은 수사-테크노-미디어적인 사건과 사물의 영역에서, 창시적·수행적 언어들의 가능성(항상 약속 혹은 수행적 선서를 내포하는 행위이자 확증적 언어를 포함해서 모든 언어의 매개와 요소를 구성하는 '증언'뿐일 겁니다)을 고려하는 모든 문제 제기에 이를 수 있습니다. 따라서 이런 문제 제기는, '최선과 최악의 경우'를 위해 필요하다면 사전에 배제되거나 무시될 위험이 있습니다.

저는 여기서도 두 가지 주의할 점을 강조하겠습니다. 한편으로, 저는 코이레가 말한 의심을 떨쳐버리려는 것이 아닙니다. 다시 말하지만, 이런 의심은 필연적이고 정당하며, 새로운 문제 제기가 아무리 시급해도 이 합당한 의심을 염두에 둬야 합니다. 다른 한편으로, 이 같은 (실용적·해체적 형태의) 새로운 문제 제기는 실제로 서로 모순된 관심에 이바지할 수 있습니다. 그렇지만 아무리 우려할 만해도 이런 이중의 가능성은 위험이자 기회이고, 이것이 없다면 프로그램 기제의 무책임한 전개에 더 자주 직면하게 됩니다. 윤리적, 사법적 혹은 정치적 책임이 있다면, 그것은 해석적이고 행동적인, 어찌 됐거나 수행적 상태로 남아 있는 이 문제 제기에 전략적 방향을 부여하는 것입니다. 이 문제 제기에서 현실과 마찬가지로 진실 또한 그저 확인하거나 적합한 방법으로 사고하기만 하면 되는, 미리 주어진 대상이 아닙니다. 이는 여기서 발전시킬 수는 없는 증거와 대립하는 증언의 문제 제기로 제게는 필수적으로 보입니다. 진실성/거짓말의 대립은 참-거짓 혹은 증거의 인식론적 문제와 전혀 동질적이지 않지만, '증언적' 문제 제기에는 동질적입니다 (여기서 이 문제를 길게 말할 시간이 없으므로, 제가 다른 곳[63]에서 다

---

63) 『*L'Université sans condition*(조건 없는 대학)』(Paris, Galilée, 2001) 참고.

뒀던 진술/수행 대조와 이 대립 관계의 역설들 특히, 그 타당성과 순수성의 한계에 관한 문제들을 한쪽으로 치워두고, 조금 쉽게 '수행'이라는 단어를 쓰고 있다는 사실을 서둘러 밝힙니다. 오스틴은 처음으로 '순수성'[64]이라는 주장되는 것을 경계하라고 했습니다. 특히 그의 주장에 대항하여 서둘러 순수성을 재구성하려 한다든가, 이 개념에 다시 신뢰를 부여하자는 것이 절대 아닙니다).

제가 보기에 이런 점이 이 논문에서 보여주는 코이레의 '한계'일 듯합니다. 그리고 이 한계는 아렌트에게서도 찾을 수 있습니다. 하지만 코이레는 '이 한계를 넘어 한 걸음' 내딛는데, 이 한계 너머에 대한 고려가 그의 해석 전략을 매우 예리하고 절실하고 필요한 것이 되게 합니다. 저는 바로 이런 방향으로 나아가 보고 싶었습니다. 실제로 코이레는 전체주의 체제나 그와 비슷한 모든 것이 진실과 거짓의 구분을 절대 '넘어서지 않았다'고 추정합니다. 실제로 전통적이자 대립적인 진실

---

64) 오스틴(John Langshaw Austin), *How to Do things with words*(말로 행하는 방법), Cambridge, Harvard University Press, 1962, douzième conférence, p. 150; tr, fr. G. Lane, *Quand dire, c'est faire*(말할 때, 행한다), Paris, Le seuil, 1970, p.152. 여기서 조금 더 세밀하게 살펴보자면, 오스틴의 구분들, 예를 들면 약속을 지키지 않겠다는 의도를 품고 나쁜 마음으로 한 약속과 거짓말을 긴밀하게 분석해야 합니다. 나쁜 마음으로 했어도 약속은 여전히 실제 약속이고 "거짓말이나 지켜지지 않은 확언"이 아닙니다(*ibid.*, première conférence, p. 11 ; tr. fr., p.45)."

과 거짓의 구분은 이 같은 체제에 절대적으로 필요합니다. 훼손되지 않게 유지할 필요가 있는 이런 전통의 내부에서, 가장 교조적인 전통에서 속임수를 작동시키기 위해 그들은 거짓을 말합니다. 간단히 말해 형이상학적으로 오래되고 자명한 이치에서 그들은 거짓말에 우선권을 부여해 단순한 위계의 역전에 만족합니다. 니체는『실수의 역사』(와 다른 책에서도) 끝 부분에서 이런 역전에 만족해서는 안 된다고 말합니다.

조금 길지만 코이레를 다시 한번 인용해봅시다.

전체주의 체제의 대표자들은 그들의 출판물(심지어 과학 서적)에서도 프로파간다는 물론이고 담론에서도 객관적 진실을 거의 존중하지 않는다. 그들은 전지전능한 신보다도 더 강력하게 자신이 원하는 대로 현재와 과거까지도 변화시킨다. (그들은 바로 역사적 과거의 다시 쓰기를 통해, 과거를 바꾸는 데는 아마도 무력한 신, 바로 그 신까지도 초월합니다. 1943년 비시 정부 시절, 코이레는 ─오늘날에는 아마도 그런 사례를 얼마든지 찾아볼 수 있겠지만─ 각주에서 '전체주의 체제들의 역사적 교훈'과 나아가 '프랑스 학교의 새로운 역사 교과서'까지도 거론합니다) 이로써 전체주의 체제는 진실과 거짓을 초월한다고 ─

때로 그랬듯이— 결론 내릴 수도 있다. 우리 관점에서는 전혀 그렇지 않다고 믿는다. 진실과 거짓, 상상과 실재의 구분은 이런 이해에서는 물론이고 전체주의 체제에서도 변함 없이 유효하다. 말하자면 단지 위치와 역할이 전도됐을 뿐이다. 전체주의 체제는 '거짓말 우위'에 세워졌다(코이레가 이 말을 강조합니다).[65]

(공개적이든 아니든) 전체주의 체제에서 '거짓말 우위'에는 무엇보다도 안정적이고 형이상학적으로 확인된 진실과 거짓의 대립이 필요합니다. 당시에 코이레는 아무 어려움 없이 이것을 설명했습니다. 오늘날 우리도 먼 일이든 가까운 일이든 전혀 어려움 없이 이 점을 설명할 수 있습니다. 정의定義에 따르자면, 거짓말하는 자는 약속된 진실을 말하고 있다고 말하는 사람입니다(바로 여기에 역사는 없고 구조의 법이 있습니다). 정치 기구가 거짓말할수록 약속된 진실에 대한 열정을 수사적 표어로 사용합니다. 코이레는 기억에 의지해 페탱 원수의 유명한 선언을 다음과 같이 축약해서 인용합니다. "나는 거짓말

---

65) Koyré, *op. cit.*, p. 181.

을 증오한다". 정확하게 인용하자면 페탱은 "나는 여러분에게 수많은 해를 끼친 거짓말을 증오합니다."라고 말했습니다. 각각의 단어, 시제, 인칭 대명사에 무게가 실립니다('나', '여러분', 여러분에게 말하는 나, '여러분'에게 말하는 진실, '여러분'에게 돌려줘야 하는 진실을 '나'는 알고 있으며, 어떤 거짓말이 '여러분'에게 해를 끼쳤는지 '나'는 알고, 이런 거짓말은 바로 이런 이유로 증오할 만하고, 게다가 이것은 끝났고, 과거이고, 이 거짓말은 여러분에게 그토록 많은 해를 끼쳤다).

저는 비시 시대 또 다른 슬로건과 이 슬로건의 반동적 이데올로기, 가족과 조국, 모국, 나아가 진실성의 가치가 확고한 토대로서 '대지로의 귀환'을 분석해보고자 합니다. "대지, 이 대지는 거짓말하지 않는다." 국가 혁명의 사상가 귀스타브 티봉도 이렇게 한마디 했습니다. 또한 프랑신 뮈엘 드레퓌스가 "여성적 현실주의"라고 불렀던 것이 진실성, 진솔성, 여성적인 것과 대지의 결합을 찬미하던 무렵, 티봉은 페탱을 인용하고 나서 '대지의 현실주의'를 언급했습니다.[66]

---

66) Gustave Thibon(귀스타프 티봉), *Retour au réel, nouveaux diagnostic*(실재로의 귀환, 새로운 진단), Lyon, Lardanchet, 1943, p. 3 et 5 cité par Franchine Muel-Dreyfus, *Vichy et l'éternel féminin*, Paris, Le Seuil, 1996, p. 27. 이 문장들을 환기하기 전에 프랑신 뮈엘 드레퓌스(Franchine Muel-Dreyfus)는 미셸 모르(Michel Mohrt)의 책 『페

제 생각에는 코이레가 중요한 몇 쪽을 통해 보여준 전망 중에서 적어도 두 가지를 눈여겨보되, 심각한 질문은 유보하는 편이 좋을 것 같습니다.

　우선, 부차적으로 거짓말하는 역설적 도착倒錯입니다. 코이레가 '모든 기교 중 마키아벨리적 기교'라고 말하는 기술, 히틀러가 정통한 기술이 있습니다. 문외한들이 진지하게 여기지 않으리라는 것을 알고 진실을 말하는 기술입니다. 일종의 '대낮의 음모'로 하나 아렌트도 여기서 현대적 거짓말의 양상을 자주 포착합니다. 그것을 믿지 말아야 한다고 생각하는 사람들, 무엇을 믿어야 할지 아는 무리에 속할 정도로 영리하고, 회의적이고, 자신이 문외한이 아니라고 믿는 사람들에게 진실을 말해서 믿지 않게 하는 겁니다. 프로이트나 코이레가 최초로 이런 수법을 간파하지는 않았을 수도 있겠지만, 코이레는 대

전 앞의 지식인들(*Les intellectuels devant la défaite*)』(Paris, Corrêa, 1941)을 분석하고 인용합니다. 예를 들어 봅시다. "콜레트는『거꾸로 쓰는 일기(*Journal à rebours*)』의 1940년 6월 일기에서 자신이 즐겨 바라보던 소박한 교구와 생동하는 물, 흔들리는 여명을 배경으로 그의 강건한 부인, 아이들, 양떼 사이에서 '움직이지 않는' 농민에 대한 찬미를 썼다. 그리고 신기하게도 미셸 모르는 바로 여기서 여성적이자 대지적인 '참된 가치들'로의 귀환과 동일한 색조를 발견한다. 조르주 상드가 '작은 마을에 묵상과 지혜의 정치를 부여했다'면, 그것은 그녀가 '무의식적으로' '실제 프랑스'의 '실제적 프랑스'의 입장을 취했기 때문이다. '아주 이상하게 잘 어울리는' 두 여성 작가의 '친밀한 목소리'는 우리에게 지고한 지혜를 들려준다. 이와 같은 '여성적 현실주의'에 대해 쓸 기회가 있을 것이다."

중 소통과 전체주의 시대의 현대적 정치 기술 같은 이 수법을 진지하게 분석합니다.

두 번째 전망은 '비밀 이론'으로 시작합니다. 정치 암호학은 실제로 이 논문의 중심을 차지합니다. 논문의 주제는 비밀스러운 사회가 아니라 구조적으로 '대낮의 음모'를 허용하는 사회, '형용모순'이 아닌 비밀에 의한 사회입니다.

두려움을 불러일으킬 만한 함축적인 우려와 평가가 이 현대 암호-정치학의 독창적인 전개를 주도합니다. 이에 관해 간단히 말하겠습니다. 코이레는 원칙적으로 모든 비밀을 '공적인 것, 공화정', 즉 민주적 공간에 대한 위협으로 간주하는 듯합니다. 이런 생각은 이해할 만하고, 나아가 절대적 현상으로서 '폴리테이아'[67]의 어떤 본질과도 잘 맞습니다. 모든 것이 공적 공간의 투명성을 통해 명백히 드러나야 합니다. 그런데 저는 이런 엄격함의 논리가 정치 우선주의와 정치 이성의 절대적 헤게모니, 정치 영역의 무한 확장이라는 전도된 도착을 예고하는 것은 아닌지 생각해보게 됩니다. 최고 정치 기관은 비밀에 대한 모든 권리를 부정하면서 가장 빈번하게는 국가 주

---

67) politeia: 고대 그리스어로 시민성과 도시의 조직을 연결하는 개념으로 정치, 시민, 도시의 법적 권리를 뜻한다. 옮긴이.

권의 형태, 나아가 국가 이성의 형태로 모든 이가 모든 일에서 우선적으로 폴리스[68]의 법 앞에 책임 있는 시민으로서 행동하라고 명령합니다. 그러나 바로 여기에 객관적이고 현상적인 진실의 이름으로 민주주의의 탈을 쓴 전체주의의 또 다른 씨앗이 싹트고 있는 것은 아닐까요? 그의 각주를 하나 살펴봅시다. "임의로 스파르타나 인도 젊은이의 거짓말 관련 훈련, 혹은 마란[69]이나 예수회 수도사의 마음가짐을 예로 들어보자."[70] 저는 비밀이나 암호, 거짓말 관련 훈련을 묘사하는 데 아무렇게나 스파르타인, 인도인, 예수회 수도사, 마란을 고발하는 코이레의 각주를 읽으면서 당황할 수밖에 없었습니다.

현상론과 통합적 정치 우선주의에 대항해 비밀에 대한 무조건적인 권리에 관심을 둔다면, 아무도 접근할 수 없고 훼손할 수도 없는 절대 비밀이 존재해야 한다면, 이 권리는 정치적 비밀이라기보다는 환유적이고 보편화된 마란의 형상과 관련됩니다. 다시 말해 규정할 수 있는 정치 영역에 대항해서, 그리

---

68) polis: 고대 그리스어로 도시-국가, 자율적이고 자유로운 시민의 정치 공동체를 뜻한다. 옮긴이.

69) marrane: 중세 후기 억압적 상황에서 카톨릭으로 개종한 스페인, 포르투갈 거주 유대인. 카톨릭으로 살아가면서 은밀히 유대 신앙, 의식, 신념을 유지했다. 옮긴이.

70) Koyré, *op. cit.*, footnote n17(N.d.É).

고 이런 한정된 정치 영역 너머에서, 나아가 보편적인 신학-
정치의 규정할 수 있는 영역에 대항해서, 그리고 이렇게 한정
된 영역 너머에서 저항할 권리로서의 비밀을 소유할 권리를
생각해보게 됩니다. 정치 영역에서 저항의 원칙도 이런 형태
의 하나로 어떤 권리에 영감을 줬을 수 있습니다. 국가 이성이
윤리의 마지막 보루를 지키지 않는 불가항력의 경우, 가장 존
중할 만한 전통으로 미국은 이 권리를 아주 멋지게 '시민 불복
종civil disobeidence'이라고 부릅니다. 하지만 이것은 필연적으
로 시민 불복종으로 전개되는 모든 담론의 공리公理 체계를 맹
목적으로 수용한다는 의미도 아니고, 나아가 이런 표현을 강
화하는 여러 담론을 모두 인정한다는 의미도 아닙니다.[71] 우리
가 최근에 너무 자주 입에 올리는 시민 불복종이 반드시 법 일
반에 불복종하라는 호소를 뜻하는 것은 아닙니다. 분석을 거
치고 나서 실정법의 상위법이나 (예를 들어 인권에 관한) 보편법
혹은 헌법 정신과 모순될 뿐 아니라, 더 구체적으로 실정법 자
체, 그리고 실정법이 본받거나 그 근본을 보장한다고 주장하

---

71) Cf. Henry David Thoreau, *Civil Disobedience and Other Essays*(시민 불복종과 그
밖의 에세이들), [Mineola, Dover Publications, 1993 (N.d.É)], et, entre autres textes,
Ralph Waldo Emerson, «Politics(정치)», dans *Essays and Lectures*(에세이와 강연),
New York, The Library of America, 1983.

는 법과 모순되어 그 결과로 어떤 거짓말이나 위증으로 이미 어긋난다고 판단되는 실정법에 저항하라는 호소입니다.

시간이 모자라서 저는 이제 막 시작한 이야기를 서둘러 마무리해야 합니다 ―그리고 아렌트에게로 돌아가야 합니다. 어떻게 거짓말의 역사가 가능할까요? 저는 어느 때보다도 확신이 약해졌습니다만, 그래도 끝내 이 질문에 대답하려면 아렌트의 모든 저작을 살펴봐야 할 겁니다. 그리고 더 구체적으로, 앞서 인용한 저작 중에서 이런 거짓말의 역사를 구상하는 데 어떤 것들은 유리하지만 또 어떤 것들은 불리한 '뚜렷한 이중성'을 고려해야 합니다.

자, 이제 결론으로 하나의 프로그램과 네 가지 메세지의 서로 다른 뚜렷한 이중성을 살펴봅시다.

첫째, 여러 논거가 이런 거짓말의 역사에 유리한 것 같습니다.

1. 아렌트는 이런 역사를 '도덕적 설교'[72]에서 벗어나게 하려는 의도를 분명히 밝힙니다. 니체와 비슷하지만 다른 방식으로 '도덕 밖의 의미에서' 이 문제들을 다루고자 했습니다.

---

72) "이것은 진실과 정치 시이 갈등의 역사만큼이나 오래되고 복잡한 역사이다. 단순화 혹은 도덕적 설교는 어떤 도움도 될 수 없다." Hannah Arendt, «Vérité et politique», *La Crise de la culture, op., cit.*, p. 292)

2. 아렌트는 단지 미디어의 발전뿐 아니라 우상의 대리물과 그 이미지,[73] 그리고 공적 공간의 지위를 변화시키는 새로운 미디어의 구조도 고려합니다. 코이레의 글에서는 이런 주제를 찾아볼 수 없습니다. 그런데 여기서 신중하게 접근해야 합니다. 대상의 재현물 역할을 그만두고 그 사물이나 대상을 파괴해서 대신하기 위해 스스로 그 대상 자체가 되고, 대상 자체로서 자료를 보존하는 유일한 아카이브이자 보존된 사건 자체가 되어 아이콘이 가상이 되게 하는 기술적 변환이 분명히 존재하기 때문입니다. 하지만 이는 구조적으로 매우 다른 현상을 초래할 수 있습니다. 한편으로 거짓말이나 고전적 형태의 기만, 즉 고의적·의도적 기만이 있습니다. 예를 들어 어느 프랑스 기자가 피델 카스트로와 독점 인터뷰하는 자료 화면에

73) 우리 시대 정치적 거짓말 연구에서 '이미지'는 핵심어이거나 주요 개념입니다('생산된 이미지' '거짓 이미지' '프로파간다 이미지' '실제 사건과 대립하는 이미지' '결정적으로 기만적인 이미지' 등(아렌트, 같은 책, p. 325-326 et passim). 여기서 '이미지'라는 말과 개념은 혼동을 낳을 수 있습니다. 제가 보기에 아렌트의 아이콘 변화에 대한 분석은 개괄적인 수준에 머무는 것 같습니다. 아렌트는 이 문제를 언급하지 않는데, 더는 재현물처럼, 대신하고-재현하고-준거하는-대체물로서가 아니라 사물처럼 존재했다고 전제됐던 '사물-자체'가 누구도 그 사물을 '찾을' 생각도 하지 않고, 원래 사물과의 차이를 '밝힐' 생각도 하지 않은 상태에서 영원히 사라지고, 이 '사물-자체'를 대신하러 지각 자체에 포착된 '사물-자체'처럼, 우리가 재현하고 신뢰하는 경향이 있는 대체물의 대체적 지위에 영향을 끼치는 변조에 관한 겁니다(가령 텔레비전 생방송, 생중계의 경우). 녹화와 재생-방송의 초 단위 분할에서 영상의 배치, 선택, 해석과 가능해진 모든 기술적 개입은 말할 것도 없습니다.

서 영상의 장면을 발췌해서 방영하는 텔레비전 프로그램을 예로 들 수 있습니다. 이럴 때 상황은 그다지 명백하지 않으며, 우리가 알듯이 프랑스 법은 이런 기만을 거짓말, 즉 해를 끼치는 속임수로 규정하는 데 무력합니다. 이런 조작이 이 문제에 대해 항의할 자격이 있는 사람 중 누군가에게 해를 끼쳤다는 사실을 증명한다거나, 법적 권리 주체로서 누군가가 이 같은 남용에 대해 항의하기가 쉽지 않기 때문입니다. 그러나 다른 한편으로, 모든 의도적·의식적 기만 그 이상과 이하에서 이는 또한 확실한 모델이 없는 변질, 심지어 거짓말이라고 할 수 있는 분명한 준거가 없는 변형을 일으킬 수도 있습니다. 따라서 이 일은 거짓말보다 덜 심각하지만, 동시에 더 심각합니다. 아무도 나쁜 마음으로 누군가를 속이기를 원치 않았기에 덜 심각하지만, 모든 초월적 준거의 부재, 더욱이 모든 메타-해석적 규범의 부재는 조작의 효과를 파악하고 분석하기 어렵게 할 뿐 아니라 원천적으로 바로잡을 수 없게 하므로 더 심각합니다. 이 지점에서 원칙적으로 진실과 진실성의 원칙에 종속된 텔레비전 뉴스, 소위 정보 이미지들의 구성에 자리 잡은 인위 시사성[74]을

---

74) artefactualité: 오늘날 '시간을 생각한다'는 의미는 공적인 말들이 인위적으로 생산된다는 사실을 적극적으로 인지하는 것이다. 이것이 데리다가 '인위 시사성'이라고 부

고려해야 합니다. 검열, 선별, 편집, 영상 배치, 가공된 아카이브의 사건과 사물 자체의 대체를 통해, 어떤 '정보를 주기' 위해 특정한 사람이나 그런 그룹의 사람들, 혹은 어느 국제적 집단이 의도적으로 거짓말했다고 지목할 수 있거나 그런 배경을 은폐한 채 정보 이미지를 '변형'하기도 합니다. 하나의 인과관계가 다른 인과관계와 꼬리를 물고 이어지고, 국제적 기만의 인과관계가 이렇게 서로 연결되는 지점에서 '거짓말'이라는 단어와 개념은 이 인과관계를 분석하는 데 한계에 다다릅니다.

3. 아렌트는 단호히 '정치 영역을 한정'하려고, 정치 영역을 이론적·실천적·사회적·제도적 경계(쉽게 상상할 수 있듯이 사소하지 않은 이유로 이 경계를 설정하기가 쉽지 않지만, 원칙적으로 매우 엄격한 경계)로 설정하려고 합니다. 여기에는 두 가지 방향이 있습니다. 한편으로 인간의 유일성과 고립된 인간 개별성

르는 현대의 특징이다. 우리가 '시사(actualité)'라고 부르는 것은 적극적이고 수행적으로 생산된다. 따라서 시사 문제, 시사, 뉴스 등의 이름으로 배포되는 모든 것은 인위적으로 가공, 생산된 것이다. 사실은 단순한 사실이 아니라 위계 선별된, 즉 '가공(된)-사실(actefactuel)'이다. 이런 현대적 시사성, 즉 '인위 시사성'은 자주 '생방송'이라는 포장을 동원해 직접적 현재를 우상화한다. 그러나 여기서 현재는 단순한 '현재'일 수 없다. 따라서 시간을 내서 시간에 대해 생각해야 한다. 이런 '인위 시사성'에 휘둘려 사고력을 상실하지 않도록, 이런 '인위 시사성'이 어떻게 생산되는지 주의를 기울이고 습득해야 한다. 이 문제에 대한 데리다의 사유는 다음의 책을 참고할 수 있다. 자크 데리다, 베르나르 스티글러(Bernard Stiegler), 『Échographies de la télévision(텔레비전의 에코그래피)』(Paris, Galilée, 1996). 옮긴이.

의 철학적 진실에 비춰볼 때 인간은 '본래 비정치적임'[75]에 주목하고, 다른 한편으로 정치적 거짓말을 한정하기 위해서, 정치에서 잠재적으로 독립적인 사법과 대학 영역에 새로운 임무와 중대한 책임을 부여합니다.[76]

4. 아렌트는 그런 단어, 충분하거나 결정적인 발전 없이 그 구조와 사건이 본질적으로 행동의 개념, 더 정확하게는 정치 행동의 개념에 연결돼 있을 거짓말의 수행성 문제를 개괄합니다.[77] 더 과감히 말하자면 아렌트는 거짓말하는 사람이 전형적

---

75) H. Arendt, *op., cit.*, p. 313. "진실의 관점에서 보면—내가 여기서 그렇게 했듯이—정치에 대해 숙고하는 것은 정치 영역 밖에서 단단한 기반을 다지려는 것이다."(*ibid.*, p. 330) "뚜렷한 특성이 있는, 개별적으로 존재하는 여러 방식 중 하나는 정치 영역 외부—자신과 동반자들이 속하는 공동체 외부—에 있는 것이다. '진실을-말하다'의 존재 방식 중 탁월한 것은 철학자의 고독, 현자와 예술가의 고립, 역사가와 판사의 공정함, 사실 발견자, 증언자, 보고자의 독립성이다(공정성은 [...] 정치 내부에서 얻을 수 없지만, 이런 직업에 요구되는 이방인의 관점에 들어 있다)"(H. Arendt, *op., cit.*, p. 331) "단지, 갈등 상황에서, 진실의 비정치적 성질, 잠재적으로 반 정치적 성질을 인식하는 일은 당연하다 —단지 갈등 상황에서 그렇다. 그래서 지금까지 나는 이 질문의 이런 측면을 강조했다."(H. Arendt, *op., cit.*, p. 331).

76) H. Arendt, *op., cit.*, p. 332.

77) 「정치에서 거짓말...」 첫 장부터 매우 잦은 모티프, 예를 들어 "인간 행동의 특징 중 하나는 언제나 새로운 것을 감행한다는 것인데, 그렇다고 해서 아예 거의 아무것도 없는 것에서 시작하거나 무(無)에서 창조할 수 있다는 것을 의미하지는 않는다. 단지, 이미 존재하고 있는 것의 이동이나 파괴로부터, 존재하고 있는 것들의 상태 변경에서부터 새로운 행동을 할 수 있다. 하지만 우리가 물리적으로 존재하던 곳에서 자신을 정신적으로 벗어나지 못하게 한다거나 사태가 현재 상태와 달라질 수 있다고 상상하지 못한다면, 그런 변화는 일어날 수 없다. 달리 말해, 사실적 진실의 의도적인 부정-속이는 능력-과 사실을 변화 시키는 가능성-행동하는 능력-은 서로 긴밀히 연결돼 있다. 이

으로 '행동하는 인간'이라고 자주 환기합니다. '거짓말하다', '행동하다', '정치적으로 처신하다', '자유를 행동으로 실현하다', '사실을 변질시키다', '미래를 예측하다' 등의 행위에는 본질적인 유사성 같은 것이 있습니다. 아렌트에 따르면 '거짓말하는 능력'과 '행동하는 능력'의 공통분모는 바로 상상력입니다. 이미지를 생산하는 능력, 칸트나 헤겔은 이것을 시간의 경험으로서 생산적 상상력이라고 생각했을 겁니다. 문자 자체를 넘어, 그러나 이 맥락에서 아렌트의 의도를 왜곡하지 않고, 위험을 무릅쓰고 거짓말은 바로 '미래'라고 말할 수 있습니다. 반대로 '진실 말하기'는 그런 것 혹은 그랬던 것을 말한다는 점에서 오히려 과거에 대한 선호라고 할 수 있습니다. 아렌트는 둘 사이 경계를 설정하면서도 "행동, 세계의 변화 ―간단히 말

들의 근원은 같다. 그것은 바로 상상력이다(A characteristic of human action is that it always begins something new, and this does not mean that it is ever permitted to start ab ovo, to create ex nihilo. In order to make room for one's own action, something that was there before must be removed or destroyed, and things as they were before are changed. Such change would be impossible if we could not mentally remove ourselves from where we physically are located and imagine that things might as well as different from what they actually are. In other words, the deliberate denial of factual truth - the ability to lie ―and the capacity to change facts ―the ability to act― are interconnected ; they owe their existence to the same source: imagination). *Crises of the Republic, op. cit.*, p. 5 (N.d.É)." «Du mensonge en politique...» *Du mensonge à la violence, op. cit.*, p. 9. 당연히 우리가 앞서 말한 '이미지'에 대한 담론과 '상상력'의 조직자 개념을 연결해야 합니다.

해 정치와 거짓말의 부정할 수 없는 동질성"을 언급합니다. 거
짓말쟁이가 "정치판에 나갈 때 정치판에 익숙해질 필요가 없
다."라고 말합니다. 그녀의 설명을 들어봅시다.

> 말하자면 그에게는 언제나 이미 정치판 한복판에 있다는 이
> 점이 있다. 그는 타고난 배우다. 사물, 사건이 지금 상태와 다
> 르기를 원하기에 그는 다른 것을 말한다. 즉 그는 세상을 바
> 꾸려고 한다. [...] 달리 말해 거짓말하는 능력—진실을 말하
> 는 능력은 필연적이지 않다—은 인간의 자유가 존재한다는
> 사실을 확인해주는 뚜렷하고 증명 가능한 몇 가지 선천성에
> 속한다.[78]

비록 이런 진술은 조금 더 형식을 갖춰야 하고, 가능성의
어떤 징후에 의한 작용을 더 신중히 살펴볼 필요가 있기는 하
지만, (우리가 여기서 그럴 시간은 없습니다) 아렌트의 분석으로
우리가 여기서 '거짓말의 역사'라는 생각 자체를 하게 됐을 뿐
아니라, 더 근본적으로 최소한 거짓말할 가능성, 즉 자유와 행

---

78) H. Arendt, «Vérité et politique», *La Crise de la culture, op., cit.*, p.319.

동의 가능성 없이, 또한 상상력과 시간의 가능성, 시간과 같은 상상력의 가능성 없이 보편적 역사, 특히 정치적 역사는 존재할 수 없다는 가정을 하게 됩니다.

아렌트의 담론이 봉쇄하는 것은 무엇일까요? 아니면, 이처럼 길을 열었지만, 다시 봉쇄할 가능성이 있는 것은 무엇일까요? 바로 이것이 이 강연의 결론을 위해, 적어도 이 방대한 시작을 마무리하기 위해 언급해야 할 문제입니다.

이런 역사를 진지하게 생각할 때 '네 가지 원인'이 억제나 금지 역할을 한 것으로 보이기 때문입니다.

첫째, 증언이나 증명의 진정한 문제 제기의 부재. 근본적으로 이런 이질적 가능성의 한계를 언제나 어떤 모호함이 실제로 그리고 우연이 아닌 이유로 잠식하지만, 아렌트는 증언이나 증명 개념의 역사, 이를 증거나 기록과 엄격하게 구분하는 역사에 관심을 보이지 않습니다. 아렌트 담론의 골격을 이루는 '사실적 진실'과 '합리적 진실'의 구별은 여기서 충분해 보이지 않습니다. 아렌트 자신도 임시로 그리고 편의상 이 구분의 힘을 빌렸다고 고백합니다.[79] 실제로 아렌트도 증언을 언급

---

79) *ibid.*, p. 305 sq.

하기는 하지만[80] 거짓말보다 더 자주 언급하지 않고, 믿음이나 진심에 관해서는 현상 본질[81] 분석의 진정한 주제로 삼지도 않습니다. 게다가 코이레도 마찬가지입니다. 두 사람은 모두 '거짓말하다'의 의미를 알고 있는 듯합니다.

둘째, 이런 점은 아렌트의 모든 논증에서 결정적인 역할을 한 '자신에게 한 거짓말' 혹은 '자기-암시'[82]와 관련이 없지 않습니다. 그러나 이 개념과 연관 있는 심리학에서 이 개념은 혼란스러운 상태에 있습니다. 아울러 이 주요 개념은 고전적 개념들의 엄격함이나 거짓말의 노골적 문제 제기와 양립 불가능한 상태로 남아 있습니다. '거짓말하다'는 '의도적으로' '인식'하면서, '고의로' 속인다는 것을 '알면서', 즉 자신에게 거짓말하지 않으면서 타인을 속이는 상태를 뜻하고 또 그래야만 합니다. 그리고 거짓말하는 순간에 그 사람의 믿음에서 거짓말이 향하는 상대는 기만할 적대자가 되기 위해 충분히 타인이어야 합니다. 따라서 자신, 적어도 여기서 '자신'이라는 말에

---

80) *Ibid.*, p. 303, 310.

81) eidétique: 철학에서 사물의 존재가 아니라 본질에 관한 사유. 옮긴이.

82) H. Arendt, «Du mensonge en politique...», *Du mensonge à la violence*, *op. cit.*, p. 39-40, 47, et «Vérité et politique», *La Crise de la culture*, *op. cit.*, p. 296, 324.

어떤 의미가 있다면, 자신에게 하는 거짓말은 제외됩니다. 전혀 다른 경험에는 다른 이름이 필요하고, 이 경험은 아마도 다른 분야나 다른 구조에서 비롯할 것입니다. 간단히 말해 상호주관성이나 타인과의 관계, (개인적이거나 집합적) 자아ego보다 더 근본적인 자아성,[83] 고립된 자아성, 또 다른 자기-자신과 적대자로서 자기-자신에 의해 분리하거나 분열된 자아성에서 자기 안의 타인과의 관계 구조에서 발생할 것입니다.

이것은 정신분석이나 다자인Dasein의 분석 과정(이 두 담론은 이제 원칙적으로 '에고' 이론 혹은 '나'의 이론으로 정리될 수 없습니다)이 유일하게, 오늘날 이 두 영역이 유일하게 아렌트가 '자신에게 한 거짓말' 혹은 '자기-암시'라고 부르는 문제를 다룰 능력이 있다는 의미가 아닙니다. 저는 그렇게 믿지 않습니다. 그러나 코이레도 아렌트도 정치에서 '자신에 대한 거짓'을 말할 때 프로이트와 하이데거[84]에 대한 아주 작은 암시도 하지

---

83) ipséité: '에고'는 칸트적 의미에서 종합적 단일체로서 선험적으로 재현이나 경험을 생각하는 주체이며 현상학적 의미에서는 나의 단일성과 근본적 단일성 속의 나로 볼 수 있다. 여기서 자아성(스스로 自, 나 我)은 철학에서 엄격하게 개인적인 특징들에 의해 한 사람을 다른 사람으로 환원할 수 없게 하는 성질을 말한다. 옮긴이.

84) 하이데거는 『존재와 시간』을 쓰기 훨씬 전에 거짓말 문제를 다룬 적이 있습니다. 예를 들면 「현상학적 연구 입문(Einführung in die phänomenologische Forschung)」(Wintersemester 1923-1924) *Gesamtausgabe*, vol. 17, Livre I, ch. I, *op. cit.*) 특히

않으려고 애쓰는 것 같습니다. 우연일까요? 마르크스의 개념, '이데올로기'를 별로 언급하지 않은 것도 우연일까요? 이런 개념을 아예 정교하게 구상하려고 했던 걸까요? 개념의 본질적 모호함에도, 때로 이 개념을 사용한 담론의 철학적 혹은 이론적, 아울러 정치적 한계에도 이데올로기 개념은 우리가 여기서 규정하려는 것의 '장場', '자리'를 차지합니다. 이 규정은 비록 일종의 부정의 위치론으로 남아 있지만 중요합니다. 적어도 이 같은 규정의 온전한 현존 혹은 자기 동일성에서, 이 규정은 우리를 더 멀리, 의식과 의도적 앎을 넘어 실수의 장도 무지의 장도 환상의 장도 아니고 거짓말이나 자신에게 한 거짓말의 장도 아닌 비-진실의 장으로 데려가기 때문입니다. 마르크스주의 관점에서 이데올로기는 원칙적으로 이런 의미가 전혀 아닙니다. 설령 '이데올로기'라는 말과 개념은 그것이 이미 초월한 영역에 여전히 갇혀 있을 위험이 있다 해도, 이 문제가 도래할 장을 향하고 있다는 사실만은 확실합니다. 그리고 이 장은 성서적 현현의 진실이나 진실의 철학적 개념에 뿌리를 두

---

§2 «La détermination aristotélicienne du logos» "In der Faktizität der Sprache legt die Lüge [...]. In dieser Grundmöglichkeit der Sprache liegt die Faktizität des Lügens", p.35) 첫 대목에서 거짓 논리 문제를 다룹니다.

고 열리지 않을 겁니다.

셋째, 이런 거짓말 역사의 기획, 혹은 적어도 이런 기획의 축소할 수 없는 특수성을 위태롭게 하는 것은 쇠퇴할 줄 모르는 낙관주의입니다. 이 낙관주의는 심리학에서 비롯한 것이 아닙니다. 또한 어떤 개인적 조처, 구조화된 개인의 행동 양태(아비투스, habitus), 세계에-의-존재, 더 나아가 아렌트의 기획을 염두에 두고 있지도 않습니다. 무엇보다도 우리 시대를 절대적 거짓말의 시대로 간주하고 이를 명석하게 분석할 방법을 찾는 데 열중하는 일이 낙관주의의 증거가 될 수는 없습니다. 오히려 낙관주의는 여기서 여전히 신임을 얻고 있는 개념과 원리 기제와 연관됩니다. 재신임된 개념과 원리 기제에 따라 정치적 거짓말이 규정되고, 그와 함께 무엇보다도 보편적 진실이 규정됩니다. 아렌트는 이 점을 여러 번 반복해 언급하는데 이런 결정 구조에서 진실은 단호한 안전성을 갖춘, 돌이킬 수 없는 것이기에 보편적 진실 규정은 언제나 거짓을 흩어 버리고 끝내 진실을 드러내야 합니다. 진실은 거짓말, 허구, 이미지에서 끊임없이 살아남습니다.[85]

----

85) H. Arendt, *op., cit.,* p. 328-329. 다른 예를 들어 봅시다. "이미지들은 [...] 그렇게 있는 것과 안정성 면에서 절대 경쟁할 수 없다. 이미지는 단지 그렇게 존재할 뿐 다르게 존재할 수 없기 때문이다." 혹은 다음과 같은 의견은 더 낙관적입니다. "본질적으로 권

진실이 '안정적인 것'(플라톤과 아리스토텔레스는 '베바이오스bebaios[86]'라고 하겠죠)[87]의 무한 생존이라는 고전적 규정은

력은 사실에 바탕을 둔 실재의 견고한 안정성의 대체물을 만들 수 없다. 이미 지나간 사실에 바탕을 둔 실재는 우리 영향력 밖의 영역에까지 확대되기 때문이다. 사실은 끈질기게 사실 자체를 증명한다. 그리고 사실의 허약성은 기이하게도 사실 왜곡에 대한 저항과 연합한다—이런 동일한 불가역성이 인간 행동의 특징이다."(같은 책, p. 329)「정치에서 거짓말」에서 아렌트는 꿋꿋한 낙관성으로 다음과 같이 씁니다. "노련한 거짓말쟁이가 얼마나 폭넓은 거짓말의 음모를 늘어놓든, 심지어 컴퓨터의 도움을 받더라도 실재성을 덮을 만큼 넓을 수는 없다. "«Du mensonge en politique», *Du mensonge à la violence*(해당 문장의 영문은 다음과 같다. "No matter how the tissue of falsehood that an experienced liar has to offer, it will never be large enough, even if he enlists the help of computers, to cover the immensity of factuality "(*Crises of the Republic, op. cit.,* p. 7 et passim)." p. 7 et passim.(N.d.É.) 그러나 이런 형태의 진술, 예를 들어 "1924년 8월에 벨기에를 침공한 것은 독일이다."—아렌트가 중요하다고 여기는 사례—와 같은 사실에 관련된 진술일 때, 우리가 동의한다고 가정해도 문제의 '사실'이 이미 가상 혹은 잠재성으로 구조화된 수행-미디어적 담론의 현상이고 이 담론의 현상이 진술의 고유한 시의성을 포함하고 있을 때 어떻게 이에 여전히 동의할 수 있을까요? 실제로 어떻게 대체물의 구조를 정할 것이냐는 문제가 남아 있고, 여기서는 오늘날의 정보와 서술에서 이미지 구조를 아는 것이 바로 문제입니다. 대체-이미지는 이것이 대체하는 대상 사물은 물론이고 그 사실의 현현(顯現)에 지속적으로 준거합니다. 우리가 앞서 말했듯이 (p.102 각주 73 참조) '현대적' 가상 대체는 (예를 들면 텔레비전의 생방송이나 생중계) 이것이 대신하는 대상의 자리를 차지합니다. 또, '현대적' 가상 대체의 선택적이고 해석적인 수행성, '현대적' 가상 대체가 생산하는 절대적이고 의심할 여지 없는 '진실 효과'로 이것이 대신하는 대상의 차이, 이타성(異他性)에 대한 준거까지 파괴합니다. 보십시오, 여기가 바로 절대적 거짓말의 장(場)일 겁니다. 이것이 바로 누구도 이 사실을 절대알 수 없이, 아니면 이 사실을 알고 기억할 사람이 없는, '항상' 무한히 살아남을 '수 있는' 절대적 거짓말의 장입니다. 절대적 거짓말은 '언제나' 그럴 '수 있을' 겁니다. '아마도'. 그러나 진실의 역사에서, 이론적 지식에서 그리고 결정적 판단의 권위에 따라 또다시 거짓말의 역사를 지워버리는 일을 피하고 싶다면, 이 '아마도'의 체제와 가능성이라는 조항을 유지해야 합니다.

86) βεβαιος(bebaios): '견고한', '안정된'이라는 뜻의 형용사로 '발, 발걸음, 걸음걸이, 행함, 일'이라는 뜻의 여성 명사 βασις(basis, 바시스)에서 유래했다. 옮긴이.

87) 안정성의 가치와 신뢰도, 안정성 위에 세워진 신뢰도, 신뢰-안전도의 가치로서 저

단지 수많은 (그리고 단지 하이데거 방식만은 아닌) '해체적' 질문만을 제기하는 것 같지는 않습니다. 이 같은 고전적 진실의 규정은 거짓말의 무한 생존 가능성까지 배제하면서 경험 자체에 대립합니다. 우리는 거짓말과 (거짓말의 개념은 단지 의도만이 관계되는 것이 아니라 그것이 추구하는 결과까지 포함하므로) 거짓말의 결과가 오래갈 수 있다는 것, 무한 지속할 수 있어야 한다는 것, 그리고 절대 그렇게 보여서는 안 된다는 것을 알고 있습니다. 거짓말의 결과를 생각한다면, 즉 왜곡된 진실성의 결과가 파괴될 수 없는 징후로 남게 된다는 점을 생각하면, (저는 이를 믿지도 않고, 또 시간상 지금 길게 말할 수도 없지만, 여기에는 큰 문제가 있습니다) 이런 경우에도 징후의 논리는 진심과 믿음, 의도와 의도 없음, 의지와 의지 없음 등의 대립, 간단히 말해 거짓말의 대 립에 포함되지 않는다는 점을 인정해야 합니다. 바로 이 지점에 포스트-정신분석학 담론에서 거짓말을 닮은 모든 것을 다룰 '증후학'(말실수, 거부, 꿈, 무의식의 모든 수사적 자원 등 왜곡된 진실의 광범위한 분류)과 프로이트가 『아이들

는 『우정의 정치(*Politique de l'amitié*)』(Paris, Gallié, 1994, passim)을 환기하고 싶습니다.

의 두 가지 거짓말』[88]에서 예로 든 좁은 의미의 거짓말 사이에 새로운 경계를 설정해야 한다는 과제가 부과됩니다. 게다가 이 글에서 엄격한 의미의 거짓말 자체가 누설적 징후, 또 다른 진실의 자백으로서 다뤄집니다. 하이데거가 1923~1924년 수업에서부터, 제가 초반부에서 말했던 단서를 따라가면서, 그의 실존적 분석학에서 좁은 의미의 거짓말에 부여된 지위에 관해, 필요한 변화를 이행한 후(mutatis mutandis: 수정해야 할 것만 수정한 상태로) 새로운 경계의 규정에 관한 유사하고 보완적인 과제가 기다리고 있습니다.

아렌트는 기만의 무한 생존을 배제하면서 역사를 거짓말의 역사, 진실 재림再臨의 즉각적이며 다른 현상과 연결된 이차 현상적 사고로 만듭니다. 그렇지만 노골적 거짓말 자체의 특별한 역사, 프로이트와 하이데거의 사유를 포함해서 그리스도화의 역사(바오로, 일부 성직자들, 성 아우구스티누스와 그의 『거짓말에 대해De mendacio』), 'Pseudo'(다시 한번 강조하자면, 이 말은 거짓인 것, 허구인 것 그리고 거짓말인 것을 동시에 의미하며 따라서 여러 문제를 간략하게 하지 않거나 오히려 너무 간략하게 합

88) S. Freud, «Zwei Kinderlügen» dans *Gesammelte Werke*, t. VIII, *op. cit.* ; tr. fr. «Deux mensonges d'enfants» dans *Névrose, psychoses et perversion, op. cit.* (N.d.É.)

니다)의 그리스적 사상의 역사, '에이돌론'[89]과 '환영적 판타
즈마phantasma'의 역사, 수사학의 역사, 소피스트의 역사와 플
라톤의 『국가République』[90]가 말하는 실리적인 정치 거짓말의
역사, 유용하고, 친절하고, 치유적 혹은 예방적 유용한 거짓말
의 역사, '파르마콘'[91]으로서 (배려적, 관용적) '선의의 거짓말
mendacium officiosum' 역사를 거쳐야 합니다.

세속화된 상태와 계몽 시대에 급진적 기독교화는 이를테
면 거짓말을 절대 타락, '인간 본성의 중대한 악덕', '인간 존엄
의 부정'으로 단죄하는 칸트의 원칙에서 그 모습을 찾을 수 있

---

89) eidolon: 유령, 가상, 출현 등으로 번역된다. 옮긴이

90) H. Arendt, «Vérité et politique», *La Crise de la culture, op.cit.,* p.376, n. 5) 각주에
서 한나 아렌트는 아리스토텔레스의 『국가(*République*)』의 '매우 중요한 구절'(414 c)
을 분명히 암시합니다. 그녀는 '유사(pseudo)'가 '맥락에 따라' '허구' '실수' 혹은 '거
짓말'을 의미할 수 있음을 환기합니다. 그러나 그녀가 전혀 언급하지 않은 것 말고도, 제
가 알기로 거짓말에 관한 설명적 논설인 『소 히피아스』가 결정적인 것이 될 만큼 맥락이
실제로 충분히 결정적인지, 의미의 결정을 감당하기에 충분히 결정적인지는 확실하지
않습니다.

91) pharmakon(φάρμακον): 고대 그리스어로 독약, 치료약, 희생양을 일컫는 말로 흔히
반대처럼 보이는 의미를 동시에 품은 단어, 안팎(안/밖), 밤낮(밤/낮)처럼 뜻의 전도가
쉽고 실체가 없다. 실제로 어떤 구성 요소가 아니라 양가적인 중심으로 대립적 구분을
스스로 지운다. 가령, 소크라테스가 마신 독, 파르마콘은 죽음에 이르는 길이면서 (혹
은) 영혼 불멸의 길, 독약이면서 휴식을 위한 약이기도 했다. 이처럼 약은 어떤 약도 될
수 있다. 이에 대한 데리다의 생각은 특히 *La dissémination*(Paris, Seuil, 1972)을 참고
할 수 있다. 옮긴이.

습니다. 『도덕론』[92]에서 칸트는 "자신이 말하는 것을 믿지 않는 인간은 사물보다 못하다."라고 했습니다. 그런데 우리는 이에 대해 무언가가 혹은 심지어 누군가가 되기 위해 말하자면 인간 같은 무언가, 더 나아가 '다자인'이 되기 위해 사물보다 못한 존재이기를 멈추는 바로 그때 ─1923~24년 하이데거의 강의를 다시 인용하자면─ 다자인은 "그 안에 기만과 거짓말의 가능성을 품고 있다."[93]라고 응수하고 싶을 것 같습니다.

넷째, 그래서 비록 거짓말의 역사나 이론이 투영됐더라도, 항상 거짓말 이론이나 역사의 부차화, 상대화 혹은 사고事故화, 나아가 평범화를 염려해야 합니다. 정치사나 인간적 '사회체socius' 일반 역사에서 단지 규율 관념의 명목으로 목적론을 받아들이더라도 진실의 최후 승리와 (단지 진실성만이 아니라) 진

---

92) I. Kant, «Métaphysique des moeurs(도덕 형이상학)», II, *Doctrine de la vertue*(도덕론), tr. fr. A. Philonenko, Paris, Vrin, 1985 (N.d.É)], § 9; 제가 다른 곳에서 다룰 수 있기를 바라는 미셸 시나피(Michèle Sinapi)의 탁월한 논문 Le mensonge officieux dans la correspondance Jérôme-Augustin(Rue Descartes, n° 8/9, *op. cit.*)에서 인용했습니다. 피에르 르장드르(Pierre Legendre)의 영향을 받은 시나피는 이 서신을 통해 이질적인 두 전통, '상상적 존재론에 바탕을 둔 말의 개념' 전통과 '로마법' '소송의 과학' '증거와 소송 개념에 대한 새로운 구상'의 전통을 교차 분석합니다.

93) M. Heidegger, «Die aristotelisch Bestimmung des logo», dans Einführung in die phänomenologische Forschung(현상학적 연구 입문), dans Gesamtausgabe, vol.17, *op.cit.*, Livre I, ch. 1, § 2, p.35 (N.d.É)

실의 확실한 생존에 대한 아렌트식 확신이 여전히 지배적인 상황에서 이를 염려해야 합니다.

여기서 제 관심은 거짓말을 근본적인 악과 인간 존재의 기원적 타락의 표시로 간주하는 유대-그리스-칸트적 가정에 이 같은 위험을 대립시키는 데 있지 않습니다. 우리는 여전히 동일 논리에 머물러 있을 겁니다. 이 논리는 필연적으로 파괴의 장은 아니지만 이 논리의 기억에 책임을 지고 ―만일 이것이 여전히 무언가를 의미할 수 있다면― 생각해보려는 장입니다. 이런 생각을 시작하려면 적어도 이 근본적인 도착과 그 무한한 지속 '가능성' 없이, 이에 대한 고려 없이, 특히 의식과 무의식의 역사에서, 가상 혹은 아이콘 대체물 구조에서 '기술적' 변이를 고려하지 않으면, 거짓말 자체, 거짓말 역사의 가능성, 거짓말을 내재적으로 담보하는 역사, 간단히 말해 역사의 가능성을 생각하는 데 항상 실패하리라는 점을 강조해야 하지 않을까요?

그러나 한 가지 고백해야 합니다. 서둘러 결론을 내리면서 아무것도, 누구도 거짓말의 역사로서 이 같은 역사와 거짓말 자체의 역사의 필요성과 존재를 결코 '증명'할 수, 다름 아니라 엄격한 의미에서의 지식과 이론적 논증과 결정적 판단에 '증명한다'고 부르는 것을 할 수 없을 겁니다. 이 같은 역사, 거짓말의 역사는 지식의 이론적 대상이 될 수 없습니다. 거짓말의 역사는 아마도 지식, 모든 가능한 지식에 호소하겠지만, 이 같은 역사는 지식에 구조적으로 이질적인 상태로 남습니다.

따라서 우리는 다만 지식 너머에 거짓말의 역사—만일 그런 것이 있다면—가 있을 수 있고, 또 있어야 한다고 말할 수 있을 뿐입니다.

증언의 역사를 환기하다

    데리다의 연구는 그의 강의, 강연, 세미나와 밀접한 관련이 있다. 그가 파리 고등사범학교뿐 아니라 국경을 넘어 곳곳에서 강의와 강연에 몰두했다는 의미에서도 그렇지만, 그의 '글쓰기'에 관한 사유와 실천, 경험 자체가 이런 강연들의 다양한 형태와 무관하지 않기 때문이다. 데리다는 거의 초기부터 '강연'을 거의 완전한 형태의 원고로 준비했으며, 말하기 위해 혹은 말하기를 염두에 두고 미리 써둔 텍스트를 강연이라는 '장'에서, 어떤 즉흥성을 '연기'하면서 읽었다고 말할 수 있다. 이런 그의 글과 말의 경험은 어떤 우연성이 아니라, 그의 사유 자체와 연관된다(실제로, 1967년 데리다의 중요한 텍스트들,『그라마톨로지*De la grammatologie*』『목소리와 현상*La voix et Phénomène*』『글쓰기와 차이*L'écriture et la différence*』는 서로 열려 있거나 얽혀 있는데, 이 글들 또한 데리다의 '강연'과 무관하지 않다. 예를 들면『그라

마톨로지』에는 고등사범학교의 1965-66년 세미나 중 루소와 레비-스트로스에 관한 부분이 실려 있다). 글(말)쓰기 자체와 사유 경험의 포개짐은 데리다의 글 읽는 경험을 적극적인 사유 경험으로, 사유 경험에 대한 근본적인 사유로, 언어와 글쓰기에 대한 사유의 경험이 될 것을 요구한다. 그의 글을 읽는 일은 읽는 사람의 생각의 구조에 의문을 품게 하는 데서 출발해 보편적인 사유 구조와 체계, 체제에 의문을 품게 한다. 이런 경험은 읽는 사람의 언어에 대한 해체적 경험을 요구하는 것 같다. 본인의 '모(국)어'를 낯설게 하는 경험 없이, 언어와 글쓰기에 대해서 근본적으로 생각해보는 경험 없이, 자신의 언어와 사유를 '해체'하는 경험 없이, 데리다의 글쓰기, 사유의 경험을 이해하는 것은 '불가능'해 보인다. 이런 점이 어쩌면 그의 글을 어렵게 느끼게 하는 주된 이유인지도 모른다. 더불어, 그는 글의 시작에 매우 공을 들이고 많은 양을 할애하는 듯 보인다. 엄밀하게 문제를 구성하고 '분명 어떤 이유'로 여러 언어에서 단어들을 선택한다(어떤 언어이든 즉각적으로 일차적 해석이 가능한 경우라도 이러한 말들의 나열이 반드시 꼭 '동일한' 말들이라 하기도 모호한 경우도 있다). 이러한 글의 시작도 이미 데리다의 문제의식에 적극적으로 초대되는 경험이 된다.

이리한 어려움이 독서의 즐거움이 되기를 감히 바라면서, 또한 이 글에서 다루는 역사와 이야기, '거짓말하다, 진실을 말하다, 말하다' 사이 미묘한 차이와 더불어 깊은 공통점을 사유하는 경험이 되기를 바라면서 한가지 사실만 아주 단순하게 환기하고자 한다. 데리다는 초반부에서 거짓말의 윤리적 영역과 거짓말의 정치적 역사 그 균열이 시작되는 곳, 두 영역의 겹쳐짐 혹은 그 균열에 관해서 다루고자 한다고 밝힌다. 하나의 진실, 절대로 묻히지 않고 반드시 '드러나고야 마는' 하나의 진실의 영원한 승리에 대해서 문제를 제기한다는 것이 상대주의와 아무런 관련이 없다는 것은 그의 신중함과 구체적 예시에서도 분명히 드러난다(그는 다양한 층위의 '역사'에서 예를 선택한다). 데리다는 거짓말의 개념의 역사, 참과 거짓의 관계를 살펴보고 오랫동안 유지되는 혹은 유지될 필요가 있었고 지금도 있는 참/거짓의 대립을 골자로 한 거짓말의 '개념'에 문제를 제기하면서도 어떤 골자를 유지할 필요성을 받아들인다(그의 사유는 이러저러하게 그려진 불가능, 필연적으로 부정을 의미하지않는 불가능과 그 어떤 한계를 관용하거나 지속하게하는 것을 동시에 사유한다). 다시 말해 '거짓말(혹은 진실)'의 해체적 역사에 대한 새로운 구상은 '진실(혹은 거짓말)은 없다'까지 나아가는 그런 파괴적 구상을 뜻하지 않는다. 그러면서도 지속되어온 이분법에 대해 문제를 제기하고 '무엇보다도' 거짓말하지 않으려고 애쓰면서 (그러나 이 불가능성을 염두에 두고) '거짓말의 역사'를 참으로 구상할 수 있어야 한다고 강조하면서, 결국 이런 '해체적' 역사가 가능하다면, 참과 거짓으로 증명되지 않는 무엇, 지식이나 앎을 넘어서는 무엇으로 거짓말 역사의 가능성은 조금 더 확대될 수 있을지 모른다는 사실을 환기한다. 이 문제의식은 '증언의 문제', 증언의 '역사'와 닮았다. 한국의 역사에서 이런 증언의 문제, 거짓말과 역사적 진실의 구성에 대해서는 데리다가 분석하고 있는 예들 중 무라야마 담화와 연관된 문제, 그 역사를 쉽게 떠올릴 수 있다. 이 증언의 역사는 '거짓말(혹은 그 진실)'의 역사를 생각해 보기에 매우 적절한 주제가 아닐 수 없다. 거짓말이 그대로 밝혀져야 할 무엇이 아니듯이 진실도 그러하게 드러나는 것이 아니다. 이 둘은 구성되고 만들어지고 공표되고 인정된다는 공통점이 있다. 정치와 윤리의 접합이 있다면(혹은 있어야 한다면), 그 윤리는 언제나 과잉적, 궁극적인 윤리의 문제일 것이고 이 윤리는 언제나 한 주체의 통상적, 현재적 능력의 범위를 넘어선다.

여러 '환영'과의 만남을 기대하면서.

거짓말의 역사

1판 1쇄 발행일 2019년 3월 1일
1판 3쇄 발행일 2023년 6월 1일

글쓴이 | 자크 데리다
옮긴이 | 배지선
편집주간 | 이나무
펴낸이 | 김문영
펴낸곳 | 이숲
등록 | 2008년 3월 28일 제301-2008-086호
주소 | 경기도 파주시 책향기로 320, 2-206
전화 | 031-947-5580
팩스 | 02-6442-5581
홈페이지 | http://www.esoope.com
페이스북 | http://www.facebook.com/EsoopPublishing
Email | esoope@naver.com
ISBN | 979-11-86921-68-5 03160